Nectar de l'Enseignement spirituel tome 1

L'emblème de l'Ánánda Márga représente son idéologie. Le triangle pointant vers le haut marque l'action, s'exprimant par un service désintéressé à toute la création ; celui pointant vers le bas, la connaissance intérieure, issue de la méditation spirituelle. L'association des deux permet un progrès sur tous les plans aboutissant à l'éveil, représenté par le soleil levant et s'achevant par la victoire spirituelle, but du pratiquant symbolisé par la croix svastika.

*Shrii Shrii **Ánandamúrti***

Nectar de l'Enseignement Spirituel

(*ÁnandaVacanÁmrtam*)

tome 1

Éditions ANANDA MARGA
LA VOIE DE LA FÉLICITÉ

Préface à l'édition française

Shrii Shrii Ánandamúrti nous expose ici les versets phares de la tradition sacrée de l'Inde : des Védas, d'oupanishads, de tantras, de shastras, etc. Baignés dans une atmosphère de spiritualité nous parcourons le chemin tracé par les sages spirituels depuis leurs premières interrogations philosophiques.

Ces courts discours forment l'enseignement quotidien que donnait *Shrii Shrii* Ánandamúrti, à côté de livres comme *Sublime Spiritualité* ou la série *La Science sacrée des Védas* où il commente des textes plus complets, extraits conséquents ou intégralité d'*oupanishads*, de *tantras*, de textes sur le yoga, etc. Il y a aussi, à la fois historiques et spirituels, *Mes hommages à Shiva le Tranquille* et *Je salue la Splendeur de Krishna*. L'auteur a de plus écrit de nombreux ouvrages sur des sujets plus temporels, voir p. 102.

Par son œuvre *Shrii Shrii* Ánandamúrti propose sa direction à la pratique spirituelle. Pour promouvoir celle-ci, il a fondé un ordre monacal mondial dont la mission est d'enseigner bénévolement les pratiques de la méditation yoguique, tout en œuvrant dans l'humanitaire, mettant ainsi en pratique la devise de la voie *Ánanda Márga* : *Átmamokśártham jagaddhitáya ca* : « Œuvrer à son propre salut et au bien de cet univers » (voir p. 99).

Nous avons rajouté en quelques endroits, entre crochets, le verset sanscrit commenté (et sa traduction), celui-ci n'ayant pas été pris en note. Les mots indiens entre parenthèses (ou, rarement, entre tirets) sont les termes sanscrits originaux.

À moins que la traduction des versets ou parties de versets cités – généralement traduits du sanscrit ou autre langue indienne par la traductrice (si c'est l'auteur lui-même qui traduit la citation, nous ajoutons un petit a en indice (a) pour le préciser) – ne soit mise entre crochets, le texte original est mis entre parenthèses ou en notes. Quand le texte sanscrit cité était redondant, nous avons parfois, pour alléger le texte, remplacé le texte sanscrit cité par sa traduction. Nous mettons alors simplement un petit s en indice (s) à la fin, pour indiquer que le texte original est sanscrit.

Les appels de notes placés après un point ou une virgule renvoient au texte original sanscrit (ou autre langue indienne). Dans le cours du texte, les crochets indiquent un ajout ou une extrapolation de la traductrice. Les citations dans les notes viennent de textes de l'auteur.

Traduits du texte anglo-indien, seule référence disponible, ces discours n'ont été pour la plupart pas ou mal enregistrés et non retranscrits d'après l'enregistrement. Certains ont pu être prononcés en anglais indien, avec des compléments en hindi ou en bengali comme en avait l'habitude l'auteur. Dans certains cas, visiblement seule une partie du discours a été rapportée. Le texte anglo-indien est, semble-t-il, parfois traduit du hindi.

Nous avons dû procéder, dans notamment « La splendeur du Verbe divin », à quelques corrections (les notes du discours s'avérant partiellement erronées), en nous appuyant sur d'autres textes de l'auteur.

Nous avons dans quelques cas proposé une traduction alternative par une barre oblique : a/b, dans ce cas lire « a ou b » ou « a, b », etc. selon ce qui s'impose.

Pour une lecture plus agréable, les nombreuses références aux textes sanscrits, etc., rajoutées par la traductrice, ont été mises entre parenthèses ou en notes et non entre crochets.

On trouvera la table des matières à la fin de l'ouvrage.

J. C.

Transcription latine du sanscrit

Nous avons adopté la transcription suivante de l'alphabet sanscrit en caractères romains choisie par l'auteur et adaptée aux langues indiennes (notamment au bengali) :

a, á, i, ii, u, ú, r, rr, lr, lrr, e, ae, o, ao ; aṁ, ah,

ka, kha, ga, gha, uṇa, (vélaires)

ca, cha, ja, jha, iṇa,   (palatales)

ṭa, ṭha, ḍa, ḍha, ńa,   (rétroflexes)

ta, tha, da, dha, na,   (dentales)

pa, pha, ba, bha, ma, (labiales)

ya, ra, la, va,   (semi-consonnes/semi-voyelles)

sha, śa, sa, ha, kśa   (sifflantes, etc.).

L'apostrophe ' désigne l'élision phonétique du *a* (l'*avagraha)*, *aṇ* le *candrabindu/anunásika* (ˇ) des mots indiens.

Ex : *jiṇána, rśi, saṁskrta, tato'haṁ, piuṇgalá, shiva, viśńu.*

On a aussi ici employé *ṇm* dans le mot *oṇm (ॐ)*, pour représenter le *nádabindu* (˘), différent du *candrabindu* (ˇ). Le *ṇ* nasalise la voyelle précédente.

Le commandement suprême

Méditer deux fois par jour régulièrement nous assure de penser à Dieu au moment de la mort et d'atteindre ainsi à lui. Tout aspirant à la félicité éternelle doit donc méditer deux fois par jour, c'est le commandement du Seigneur.

Sans conduite morale, on ne peut méditer, suivre les principes moraux spirituels[1] est donc également le commandement du Seigneur. Refuser ce commandement n'est rien d'autre que se jeter dans les affres de la vie animale pour des millions d'années.

Pour que personne ne subisse de tels tourments, que chacun puisse jouir de la Paix éternelle sous la protection aimante de Dieu, c'est le devoir de chaque pratiquant de s'efforcer d'amener tout le monde sur le bienfaisant chemin de la Félicité. Conduire autrui à la voie juste fait partie intégrante de la pratique spirituelle.

Shrii Shrii Ánandamúrti

---

[1] *Yama-niyama*, l'éthique yoguique, voir p. 100.

Le secret de la diversité

Ce cosmos est composé de vibrations. Ce monde manifesté existe à l'intérieur d'un substrat mental et supramental. Les vibrations y sont innombrables mais elles ne sont pas infinies, autrement la création serait elle-même infinie. Ces innombrables vibrations ont trois couleurs fondamentales : blanche, rouge et noire, manifestant l'influence respectivement consciente, mutatrice et statique de la Force agissante divine. L'Esprit, unique, crée cette diversité, ces couleurs et ces formes, et par elles attire. Sans cet attrait, les créatures ne trouveraient pas de plaisir à l'existence.

> *Unique, sans couleur ni forme, il crée les nombreuses couleurs et formes, selon son Dessein caché, par l'application multiple et variée de sa Force ; que ce Dieu, d'où l'univers vient et retourne à la fin, attache notre pensée au Bien !*[1]
>
> *(Shvetáshvatara Upaniśad)*

Le noumène est la cause unique du multiple. Le phénomène est ce monde manifesté.

Pourquoi ce monde a-t-il été créé plein de couleurs et de formes ? Parce qu'autrement on n'apprécierait peut-être pas d'y demeurer. Quand l'enfant pleure, sa mère lui donne des jouets pour l'occuper. Les couleurs et les formes servent à créer ces « jouets », mais dans quel but, dans quel dessein ? L'intention, la raison profonde Dieu seul la

---

[1] *Ya eko 'varńo bahudhá shaktiyogát, Varńán anekán nihitártho dadháti ; Vi caeti cánte vishvam ádao sa devah, Sa no buddhyá shubhayá samyunaktu. (IV,1)*

connaît. Si on la dévoilait, le secret filtrerait. Or, si le secret sourdait, les gens voudraient se libérer. Ils ne voudraient plus rester dans les couleurs et formes de la Création.

Ces manifestations vibratoires [ces couleurs et ces formes] sont à l'intérieur de l'Esprit *(puruśa)*. C'est de lui seul qu'émanent ces vibrations. Que nous retraçions l'origine de cette vibration ou où elle va, nous ne trouvons que l'Esprit, au commencement comme à la fin.

Que Dieu ne laisse pas notre pensée s'écarter du Bien *(kalyáńa)* soit notre seule prière.

Patna, 5 août 1978

« Réveillez-vous ! »

Réveillez-vous ! Levez-vous ! Trouvez le meilleur et apprenez de lui ! Le chemin, ce passage étroit, est aussi difficile à parcourir que le fil du rasoir, ont dit les sages.[1]

(Kaṭha Upaniśad)

On compare ce chemin de l'accomplissement suprême au fil d'un rasoir.

Suivre la voie spirituelle *(dharma)* est comme se déplacer sur le fil du rasoir. Une personne ordinaire peut se dire qu'elle n'est pas assez intelligente, qu'elle est trop ignorante, comment arriverait-elle à progresser sur le fil du rasoir ? Elle voudrait donc bien connaître une alternative et cette alternative est d'aimer Dieu.

Agissez avec amour de Dieu. Quand l'amour de Dieu est là, Dieu *(Paramátman)* est là. Pour le théologien *(jiṇánii)* et logicien, la voie spirituelle est comme le fil du rasoir mais pour le pratiquant, le mystique *(sádhaka)*, elle est comme une fleur. On ne peut connaître Dieu que par l'Amour, c'est pourquoi il est avec vous. Vous serez sans aucun doute [spirituellement] victorieux.

Patna, 6 Août 1978

---

[1] *Uttiśṭhata, jágrata, prápya varán nibodhata, Kśurasya dhárá nishitá duratyayá durgaṁ pathas tat kavayo vadanti. (III, 14)*

Soyez une personne de premier ordre

Il y a trois catégories d'êtres humains.

La première comprend ceux dont les pensées, les paroles et les actes ne font qu'un. C'est-à-dire qu'ils pensent et font ce qu'ils disent. Ce sont des personnes de premier ordre.

La deuxième catégorie comprend ceux dont les pensées et les paroles diffèrent mais qui font ce qu'ils disent. Ils pensent une chose et en disent une autre, mais ils font ce qu'ils ont dit. Ce sont des personnes de deuxième ordre.

La troisième catégorie comprend ceux dont les pensées, les paroles et les actions diffèrent chacune l'une de l'autre. Ces personnes pensent une chose, en disent une autre et font quelque chose d'entièrement différent. Ce sont des personnes de troisième ordre. La plupart des dirigeants d'aujourd'hui entrent dans cette catégorie.

Efforcez-vous de devenir des personnes de premier ordre. Vous devez penser ce que vous dites et faire ce que vous avez dit.

Patna, 7 août 1978

Le Soleil suprême

[Cet œil du monde entier qu'est le soleil n'est pas souillé par les défauts des yeux, qui lui sont extérieurs. De même, l'Âme intérieure à tous les êtres n'est pas souillée par la douleur du monde qui lui est extérieure.[1]

(Katha Upaniśad V, 11)]

Nous voyons grâce au soleil. Le soleil est l'œil de chaque créature. Si un défaut oculaire nous empêche de voir, nous ne pouvons en tenir responsable le soleil.

De même, c'est de Dieu *(Paramátmá),* Âme de tous les êtres de cet univers, que nous recevons notre énergie. Rien ne nous appartient en propre, tout est à lui. Tout vient de lui et retourne en lui. L'on ne peut créer le moindre objet original puisque tout ce qui est vient de Dieu.

Si vous faites un mauvais usage de vos biens, vous ne pouvez tenir cette Âme des âmes pour responsable, c'est vous-même qui devez être puni, en subir les conséquences et les souffrances. Cependant Dieu est votre Ami suprême, vous n'êtes jamais seul, il ne peut rester neutre devant votre sacrifice. Agissez selon ses vœux et vous serez soulagés de toute souffrance.

Patna, 8 août 1978

---

[1] *Súryo yathá sarva-lokasya cakśur ńa lipyate cákśuśaer báhya-dośaeh, Ekas tathá sarva-bhútántar átmá na lipyate loka-duhkena báhyah.*

Un Refuge pour tous

Api cet sudurácáro bhajate mám ananya-bhák,[1]
So 'pi pápa-vinirmukto mucyate bhava-bandhanát.
[Même si celui qui pratique est un criminel, s'il m'a-
dore sans partage, il se libère des entraves de l'existence
temporelle, délivré de ses péchés.]

Ce que fait un délinquant pèse sur la société, sa conduite nuit à autrui. Le criminel *(su-durácárii)* est celui qui agit mal même aux yeux des délinquants *(durácárii)*.

Les Écritures disent – et la logique aussi – que toute action engendre une réaction proportionnelle. La réaction peut toutefois être plus ou moins importante, selon l'époque, le lieu et la personne.

Les criminels n'ont-ils alors pas d'avenir ? Certainement pas ! eux aussi ont un avenir. L'erreur est humaine, qu'elle soit grave ou légère, ceux qui commettent des erreurs sont aussi des membres de notre famille, ce sont aussi des membres de la société. Où iront-ils ?

Si, renonçant à tout, un criminel se refugie en Moi, qu'il médite avec moi pour seule pensée, ses dettes karmiques aussi s'effacent, il est libéré de tous ses péchés.

Celui qui chante mon nom et se réfugie en moi sans la moindre autre pensée se libère.

Dieu *(Parama Puruśa)* est votre ami le plus intime. Vous n'êtes jamais seul. Il ne peut être indifférent à vos

---

[1] La première ligne reprend la *Bhagavad Giitá 9.30.*

souffrances. Il ressent vos douleurs. Agissez selon ses commandements et délivrez-vous de vos souffrances.

Patna, 9 août 1978

Les trois facteurs d'élévation spirituelle

...Prańipátena pariprashnena sevayá.
[(Élevez-vous) ...Par l'humilité spirituelle, la question spirituelle et le service.

(Bhagavad Giitá 4.34)]

Le progrès s'appuie sur trois points : l'humilité spirituelle, la question spirituelle et le service.

L'humilité spirituelle *(prańipáta)* est un complet abandon de soi à Dieu *(Parama Puruśa)*, à l'Être éternel. C'est l'attitude mentale : « Tout ce qui est vient de Dieu, rien n'est à moi ». Celui qui a de l'orgueil, qui pense que son intelligence, sa fortune et le reste lui appartient est le plus grand des imbéciles.

L'on se vante de son savoir, de son intelligence et de sa fortune, mais rien n'est éternel. C'est pourquoi celui qui se glorifie d'avoir quoi que ce soit dans ce monde est un sot. La pire entrave psychique est l'orgueil de son intelligence. Tout ce qui est vient de Dieu, rien ne nous appartient. C'est pourquoi nous devons nous abandonner totalement à lui. C'est la première chose indispensable au développement intérieur. Si nous voulons réellement aider le monde, un complet abandon à ses pieds divins est indispensable.

C'est-à-dire que l'humilité spirituelle est une soumission de soi à l'Être éternel. Cet Être suprême est le propriétaire de cette création. Toute production lui appartient. Nous ne sommes que ses agents. Si nous ne faisons pas le travail qui nous est confié, il le fera faire par d'autres.

Avant d'entamer la moindre activité, je dois penser que c'est Dieu qui accomplit ce travail à travers moi.

Durant sa vie le buffle que vous voyez partout crie « *ham* », c'est-à-dire « moi ». Mais après sa mort, seul le son *tuṇ, tuṇ, tuṇ* – « toi, toi, toi » – sort du peigne à coton fait de lanières de son cuir.

Il vous faut donc toujours garder à l'esprit que : « Je ne fais rien, c'est Dieu lui-même qui fait toutes ces choses ». Et tandis qu'on fait toutes ces choses, on ne doit pas se laisser happer par le piège de l'apparence *(máyá)*. Il ne faudrait pas être fier de son poste, de sa situation, de sa beauté, de sa richesse, de son honneur et/ou de son savoir : « Tout appartient à Dieu, rien est à moi ».

La « question spirituelle »[1] *(pariprashna)* désigne des questions qui vont vous aider à vous élever spirituellement. Se montrer pédant et étaler un questionnement par pédantisme ne sont que perte de temps et d'énergie. Ce genre de chose est vain. Votre questionnement doit vous aider à vous élever spirituellement *(pariprashna)* sans quoi vous perdez votre temps et celui d'autrui.

Le service (sevá). L'on rend véritablement service lorsque l'on n'a pas le désir de recevoir quelque chose en retour. Si le désir de recevoir en retour est présent tandis que l'on donne, ce n'est pas du service mais du commerce. Tout commerce repose sur l'échange. On voit dans de nombreux journaux les publicités d'établissements commerciaux disant : « À votre service depuis telle ou telle année ». Non,

----

[1] L'expression désigne la question que le chercheur spirituel pose à l'enseignant spirituel. (ndt)

ce n'est pas du service, c'est du commerce parce que la personne ne donne rien sans recevoir en échange.

Dans le service, il est question de donner seulement et pas question de prendre. Même si quelqu'un vous donne en retour, votre attitude intérieure doit être de ne rien prendre ; là seulement c'est du service.

Les amoureux de Dieu parlent de total abandon de soi[1] *(prapatti)* : Dieu, Âme des âmes *(Paramátman)* fait toute chose. En l'absence de cet abandon de soi *(aprapatti)*, l'on se ressent soi et non l'Être divin comme l'acteur de toute chose.

À l'aide de ces trois points, vous vous élèverez spirituellement. Sans eux, rien ne vous sera du moindre bénéfice. Vous êtes venus pour une très courte période de temps. Alors utilisez ce temps au maximum. Servez le monde avec désintéressement. Rendez service dans tous les domaines de la vie : physique, psychique et spirituel.

Patna, 10 août 1978

---

[1] C'est ce que signifie *prapatti*.

Le point culminant du dévouement spirituel

On appelle l'idée que je suis à la disposition de Dieu, que c'est lui-même qui fait son propre travail, que je ne suis qu'un instrument entre ses mains, *prapatti* (*pra-PAT - ti*[1]) : un total abandon de soi à Dieu. Celui qui pratique ce total abandon de soi à Dieu ne considère pas la souffrance comme une peine, la joie comme un plaisir mais accepte l'une et l'autre avec équanimité.

Le vécu est à l'opposé pour celui qui refuse l'idée d'abandon *(vi-prapatti)*. Celui qui refuse l'idée d'abandon de soi ressent : « C'est moi qui fait toute chose et personne d'autre ». Cela rend plus grossier[2].

Dans l'abandon de soi à Dieu, l'idée que toute chose s'effectue selon sa Volonté, que par sa Grâce nous sommes son instrument et que sa Volonté s'accomplira qu'il nous utilise ou non comme instrument prédomine en soi. Pour ressentir pleinement la joie de cet abandon de soi à Dieu, il faut s'abandonner entièrement.

Tout le vichnouisme et le soufisme repose sur cet abandon de soi à Dieu *(prapatti)*. On trouve une bonne idée de cet abandon spirituel dans ce chant bengali :

Ton Désir n'est-il pas tout ? Ô Seigneur, ta volonté
est notre loi, c'est toi qui accomplis tout, et pourtant
nous disons : « J'agis ! »
Tu fais à la fois s'enliser dans la boue l'éléphant et

---

[1] [Préfixe] *pra - PAT* [racine verbale] + [opérateur suffixal] *ktin.*
[2] C'est-à-dire que cela éloigne du subtil, de l'Esprit. (ndt)

franchir la montagne au boiteux. À certains tu accordes le salut, à d'autres la déchéance.

Qui suis-je ? si ce n'est une machine que tu conduis, une demeure où tu habites, ô Pilote de cette enveloppe charnelle, j'avance selon ta volonté !

(Râmaprasâd[1])

D'un point de vue spirituel, il n'y a rien de plus que l'abandon de soi à Dieu.

Celui qui croit en cet abandon et le pratique ne peut jamais s'engager dans de mauvaises actions. Le matérialiste lui s'appuie sur le sentiment contraire, il y a de ce fait toujours de la souffrance dans le matérialisme et on ne peut y faire confiance à personne.

Celui qui est dans l'abandon spirituel proclame :

Peut-on blâmer mon pauvre esprit ?
Ô déesse[2], magie du Magicien,
Il ne danse que sur ton air !   (Râmaprasâd)

Seuls peuvent parler de cet abandon spirituel *(prapatti)* ceux qui se sont totalement abandonnés à Dieu.

Un être humain devrait être clair, net, sans ambiguïté. Il ne devrait laisser aucune place à l'ambiguïté, dans quelque domaine de la vie que ce soit.

Tout mouvement est vibratoire/sinusoïdal mais celui qui se meut se doit d'être droit.[3]

---

[1] Râmprasâd Sen est un fameux saint poète « shâktiste » du Bengale du 18ᵉ siècle. (ndt)

[2] [La « déesse » est la Puissance agissante divine.] *Man gariiber kii dóś áche ? Tumi jádugarer meye Shyámá, Yemon nácáo temni náce.*

[3] *Jiivankii dhárá sauṇkoc-vikáshii hae kintu jiivan siidhá honá cáhiye.*

Je ne reconnais pas avoir compris Dieu et je ne reconnais pas ne pas l'avoir compris. C'est celui de nous qui sait qu'il ne l'a ni compris ni pas compris qui sait.[1]

(Kena Upaniśad)

« Je ne dis pas que je connais Dieu, je ne dis pas que je ne le connais pas car il est au-delà de ce qui est connaissable. »

Le point de départ de l'abandon spirituel est : « Je suis, tu es et tu es mien ». Le point culminant de cet abandon est : « Tu es, ô Seigneur, **Tu** es ! »

En l'absence de sentiment de je, l'abandon de soi ne peut commencer, c'est pourquoi la présence du sentiment individuel est fondamentale au début de l'abandon de soi à Dieu mais, à la fin, seule [la présence divine demeure] : « Toi, **toi seul est** » *(tvám asi, tvám hi, tvám hi).*

Patna, 11 août 1978

---

[1] *Náham manye su-vedeti no na vedeti veda ca, Yo nas tad veda tad veda no na vedeti veda ca. (II, 2) [Vedeti= veda + iti. Veda = il a/j'ai connu /compris/conçu. No = na + u.]*

Dieu, mon paquebot

Daevii hy eśá guńamayii mama máyá duratyayá
Mám eva ye prapadyante máyám etáń taranti te.

[*Cette puissance d'illusion aux (trois) influences, difficile à surmonter, est mienne, divine. On en triomphe en s'abritant en moi.*]

(Bhagavad Giitá 7-14)]

La Force divine créatrice de l'apparence du monde *(daevii máyá, pará máyá)*, cette Puissance opératrice divine *(pará shakti)* est triple/a trois types d'influence[1]. Il est difficile de passer au-delà d'elle. C'est un fait. Mais qu'est-ce que cette Force *(máyá)* ? *Cette Force est mienne* [dit le Seigneur], autrement dit c'est la Force de Dieu *(Parama Puruśa)*. Elle lui est complètement assujettie ; elle ne peut rien faire sans qu'il le veuille. Comme le dit *Ánanda Sútram*[2] : *Cette Force est la Force même de l'Esprit (Shaktih sá Shivasya shaktih)*. Elle n'est pas une entité indépendante, elle dépend de lui.

Cette Force dirigée par Dieu est à elle seule l'océan des existences temporelles *(bhava-ságara)*. Elle est le bras agissant de Dieu, c'est pourquoi ceux et ceux-là seuls qui se sont unis à Dieu, qui se sont abrités en lui, peuvent passer au-delà d'elle.

---

[1] La tendance conscientisante/spiritualisante *(sattva)*, dite consciente, la tendance activante/mutatrice *(rajas)* dite active, et la tendance amenant l'inertie (la pesanteur qui conduit à la matière) *(tamas)*, dite statique. (ndt)

[2] Le précis philosophique de l'auteur, *sûtra* I, 2. (ndt)

L'être humain craint cette Force mais pourquoi un pratiquant *(sádhaka)* en aurait-il peur ? Du fait de son Amour de Dieu, le pratiquant ne la redoute pas. Dieu est le maître de cette Force créatrice de ce monde et le pratiquant aime Dieu. Pourquoi alors aurait-il peur d'elle ? Ainsi, le théologien *(jiṇáni)* peut la craindre mais pas l'adorateur *(bhakta)*.

Un théologien et un adorateur arrivent ensemble dans un verger de manguiers : le théologien se met à dénombrer les arbres tandis que l'adorateur cueille une mangue et la mange. Les théologiens prennent part à de longues discussions sur le babeurre tandis que les adorateurs mangent la crème. Les théologiens s'en repentiront tandis que les adorateurs obtiendront la béatitude. Un adorateur agit toujours avec sagesse. Un théologien encombre son esprit de diverses questions sur la logique des Textes sacrés tandis que l'adorateur mange le beurre obtenu du barattage des Écritures.

L'adorateur s'abrite en Dieu. Celui-ci est un vaisseau – non ! – un paquebot. Montant à son bord, l'adorateur s'assied et traverse confortablement l'océan des existences temporelles.

Patna, le 12 août 1978

Hari, le Divin Voleur

L'un des noms de Dieu *(Parama Puruśa)* est Hari. *Hari* c'est celui qui commet *harańa*, c'est-à-dire qui vole quelque chose. Comment se fait-il que Dieu soit un voleur ? Car en effet, Dieu est un voleur : il vole les péchés de ses adorateurs.

Vous savez que toute action engendre une réaction qui, en l'absence de changement de moment, de lieu et de personne doit être égale à l'action[1]. Supposons qu'une personne commette de nombreuses mauvaises actions. Si elle doit en subir les conséquences, cela peut prendre vingt à vingt-cinq vies ! N'y a-t-il donc pas d'espoir pour le pécheur et doit-il revenir vie après vie dans ce monde pour subir les conséquences de ses actions ?

Plus une prétendue civilisation se développe, plus de personnes dégénèrent, perdent l'esprit, et le nombre de personnes agissant mal augmente. Il n'y aurait donc pas d'espoir pour le pécheur ? Qu'est-ce que cela ?! S'il faut attendre la totale extinction de toutes les réactions latentes, la libération et le salut ne sont que rêves lointains. Non, assurément un avenir glorieux attend les pécheurs. Dieu fera certainement quelque chose pour ceux qui s'en sont remis à lui. On le dit le Seigneur à la fois de l'enfer et du paradis. Ceux qui sont en enfer sont aussi avec lui, eux aussi lui sont chers. Pour leur donner son Amour, Dieu doit

---

[1] La réaction peut prendre une forme potentielle et ne s'actualiser que lorsque les circonstances le permettent, l'égalité se faisant en termes de mesure mentale (lire *La Philosophie de l'Ánanda Márga* vol. 1). (ndt)

rester en enfer avec eux. Que fait-il alors? Pour les sauver, il prend sur lui le poids de leurs péchés.

Les vrais adorateurs ne veulent pas donner leurs péchés à Dieu, ils veulent plutôt lui offrir des fleurs et des douceurs. Ils voudraient porter eux-mêmes le fardeau de leurs péchés. Comme ils sont très chers à Dieu, celui-ci ôte leurs péchés sans leur permission. Prendre quelque chose sans permission, c'est voler. Ainsi, Dieu dérobe et c'est pourquoi on l'appelle Hari. Vous avez choisi Hari pour refuge. Vous n'avez plus besoin de vous inquiéter. En enfer aussi, Dieu sera avec vous.

Patna, le 13 août 1978

« Seigneur, sois pour nous un navire ! »

La pensée ne peut demeurer sans objet. Aussi, comme lui donner un objet est essentiel, la pensée ne pouvant fonctionner sans objet, que son objet soit Dieu. Il vous faut néanmoins concentrer et focaliser votre pensée, car seule une pensée concentrée peut se fondre en Dieu.

Tad ekaḿ japámah, tad ekaḿ smarámah.

[Dieu[1] seul nous nous remémorons, son Nom seul nous récitons.]

La récitation méditative – le *japa* – est une récitation renouvelée encore et encore. Si l'on doit réciter un mot en particulier, que ce soit son Nom, autrement dit votre *iśṭa-mantra*[2], et pas un autre.

Il y a trois sortes de récitation méditative *(japa)*. La première est mentale, c'est-à-dire que vous récitez mentalement et silencieusement. Dans la deuxième sorte de récitation méditative, vous bougez vos lèvres mais vous êtes seul à vous entendre. La troisième sorte est manifeste, vous récitez à haute voix. Cette sorte de récitation méditative est la moins bonne, la meilleure étant la récitation mentale.

Tad ekaḿ japámah, tad ekaḿ smarámah ;
Tad ekaḿ jagat-sákśirúpaḿ namámah.

[Dieu seul nous nous remémorons, son Nom seul nous récitons, à lui seul, témoin universel, nous nous

---

[1] *« Tad »*, Dieu en tant qu'Absolu ; *Tad/Tat* est aussi le pronom personnel (lui/il) ou démonstratif neutre. (ndt)

[2] Le *mantra* personnel que l'enseignant spirituel *(ácárya)* transmet individuellement à l'aspirant et que celui-ci utilise notamment dans la « première leçon » du système de méditation de l'Ánanda Márga. (ndt)

soumettons.   *(Mahánirváńa Tantra III, 63)]*

La soumission *(namah)* c'est l'acceptation de la suprématie, de la souveraineté d'une autre entité. Vous devez vous soumettre, reconnaître la suprématie, mais de qui ? De cet Être suprême. Qui est-il ? Il est le témoin *(sákśi-rúpam)*. La suprématie revient à celui qui est le témoin/le sujet suprême de tout cet univers. À lui qui voit tout de cet univers, vous devez vous abandonner, lui offrir votre soumission.

(...À Dieu) témoin de cet univers (Jagat-sákśirúpaḿ) : en sanscrit, on appelle ce monde, cet univers, *jagat* ([du verbe] *gam* : se mouvoir). Dans cet univers, rien n'est immobile, rien n'est figé, tout se meut. C'est pourquoi on appelle l'univers *jagat* [« qui est en mouvement »]. Le mouvement/le changement caractérise cet univers, c'est sa nature même.

Tad ekaḿ nidhánaḿ nirálambam iisham
Bhavámbhodhi-potaḿ sharańam vrajámah.
[En Lui seul, Dernière demeure, souveraineté indépendante, Vaisseau sur l'océan des existences, nous nous abritons.   *(Mahánirváńa Tantra III, 63)]*

Il faut un point final, une destination [à tout]. La destination suprême de toute activité est Dieu, être suprême *(Parama Puruśa)*. Lui seul ne dépend pas d'un autre :

Tu es le refuge de toutes les entités, le seul qui ne requiert aucun abri pour préserver ton existence.

Je vous disais que cette ville de Patna était située dans sa région et que la région de Patna était dans le giron de l'État du Bihâr. Le Bihâr est situé en Inde, l'Inde en Asie et l'Asie sur cette Terre. La Terre est dans le système solaire et le système solaire est en Dieu. C'est ainsi que rien n'abrite Dieu. Son existence ne dépend pas de la compassion d'une autre entité.

L'on doit venir, encore et encore, prendre une forme humaine ou animale. L'élan acquis [qui nous pousse à renaître] forme cette suite d'existences et de renaissances (le *bhava*). En l'être humain ou en toute autre entité, il y a tant de sortes d'élans qui vont nous pousser à venir encore et encore. Comment traverse-t-on cet océan d'existences temporelles ? il est infranchissable. Vous n'avez pas en vous l'énergie et la force pour vous permettre de traverser cette mer d'existences temporelles *(bhava-samudra)*.

Il est donc préférable que vous vous procuriez un bon bateau, un bon navire simplement pour traverser cet océan. Ô Seigneur ! tu es un navire et j'ai trouvé refuge en toi. Je traverserai cet océan et j'atteindrai l'autre rive. C'est par ta Grâce que je le pourrai, en m'abritant en toi.

Bhavámbhodhi-potam sharanam vrajámah.
[*Nous nous abritons en toi, Vaisseau sur l'océan des existences temporelles[1].*]

Patna le 14 août 1978

---

[1] Ce poème est le 5ᵉ joyau (strophe) de l'« Hymne aux cinq joyaux » du *Mahânirvâna Tantra (III, 59-63)*, qui s'adresse à Dieu absolu. (Hymne complet cité dans *L'Enseignement philosophique et spirituel de la Shwetâshwatara Oupanishad*, de l'auteur). (ndt)

Dieu est toute chose

Sahasra-shiirśá puruśah sahasrákśah sahasra-pát,
Sa bhúmim vishvato vrtvátyatiśíhad dasháungulam.

[Cet Être aux mille têtes, aux mille yeux, aux mille pieds ! enveloppant de tous côtés la Terre se tenait au-delà de dix doigts.

(Shvetáshvatara Upaniśad et
Rig Véda[1])]

Ce verset explique les attributs de Dieu *(Puruśa)*. Nous savons que la Psyché divine est créée [au début] du processus de création. Elle exprime les ondes divines, sa faculté mentale. La psyché individuelle apparaît dans les stades tardifs [de la création], elle exprime ainsi elle aussi le flot mental divin. La Psyché divine, infinie, est la souveraine de toute cette Création, son royaume. La psyché individuelle ne peut contester l'autorité de cette Psyché suprême parce qu'elle est, toute psyché individuelle l'est, à l'intérieur même de cette Divine Psyché. L'univers est en fait la projection mentale qu'effectue cette Pensée illimitée. Dieu sait ainsi immédiatement tout ce que la psyché individuelle fait ou pense, car tout se manifeste à l'intérieur même de son esprit.

Quant à vous, vous avez une seule tête, avec son petit cerveau ; votre capacité de penser est donc limitée. Mais Dieu n'a pas besoin de cerveau car pour lui tout est intérieur. Vous pensez avec votre petit cerveau tandis que Dieu pense avec sa Pensée infinie.

---

[1] *III.14* et *10.90.1* ; aussi *Yajurveda 31.1-2, Atharva Véda 19-6-1.* (ndt)

Vous voyez par vos yeux qui s'aident de la capacité limitée de vos nerfs et cortex optiques tandis que Dieu voit par ses yeux infinis, contemplant chaque activité en même temps. Grâce à sa nature infinie, ses yeux sont partout. Tout ce que vous voyez, il le voit et tout ce que vous ne voyez pas, cela aussi il le voit. Les images des psychés d'autrui traversent constamment son esprit.

Vous avez deux jambes et vous mettez un certain temps pour arriver à Calcutta en partant de Patna. Vous ne pouvez pas être à Patna et à Calcutta en même temps. Tandis que la nature infinie de Dieu fait que ses pieds sont partout. Pour aller de Patna à Calcutta, Dieu n'a pas besoin de quitter Patna.

Autrement dit, il est partout, il voit tout, il regarde tout, il est tout. Cet univers physique est son objet. Il est le Suprême Sujet, et tout le reste, ses objets.

L'être humain commande ses instincts et ses fonctions physiques à l'aide de ses facultés mentales, et toutes ses fonctions sont sous le contrôle du plexus *(cakra)* aux mille rayons *(sahasrára)* : dans ce monde physique, ce plexus « aux mille rayons »[1] *(sahasrára)* est au-dessus de tout. Ce plexus est le siège de l'Être suprême et c'est pourquoi il est l'ultime siège directeur.

---

[1] Le plexus supérieur, situé au sommet de la tête, qui correspond ici à « dix doigts au-delà » (du plexus mental). Voir de l'auteur *L'Enseignement philosophique et spirituel de la Shwetâshwatara Oupanishad*, etc. (ndt)

*[Puruśa[1] evedaṁ sarvaṁ yad bhútaṁ yac ca bhavyam
utámrtatvasyesháno[2] yad annenátirohati.*

(Shvetáshvatara Upaniśad et *Rigveda[3])*

**Ce Tout [l'univers] passé et futur est en l'Esprit, ce
Maître du ciel et de l'enfer le surplombe tout en le
nourrissant.]**

L'Esprit connaît le passé et l'avenir. On dit ici qu'il
connaît le passé et l'avenir mais on ne dit rien sur le présent. Qu'est-ce que le présent ? On appelle présent, la partie
du passé et la partie du futur que l'on peut saisir extrême-
ment facilement. Quand deux personnes conversent, l'une
dit quelque chose, l'autre l'entend quelques instants après
car cela prend un certain temps au son pour parcourir la
distance de la bouche de l'un à l'oreille de l'autre. C'est du
passé pour celui qui parle et du futur pour l'auditeur. Il n'y
a donc pas [réellement] de temps présent.

Dieu connaît le passé et l'avenir de tout – *sarva* –.

Sa est la racine acoustique de la composante consciente[4]
de la Puissance opératrice divine, *ra* représente l'énergie et
va ce qui caractérise. Toute chose naît de la force consciente, fonctionne grâce à l'énergie et est dotée d'une carac-
téristique/nature propre. *Sa – r(a) – va (sarva)* détermine
donc toute chose et signifie « tout/toute chose ».

Ainsi Dieu sait tout.

---

[1] *Sandhi* (liaison) de *puruśe* (*puruśe* + *eva* = *puruśa eva*). (ndt)

[2] *Uta* signifiant ici « enfer », cf. Notes de *L'Enseignement philosophique et spirituel de la Shwetâshwatara Oupanishad,* ou *Shabda Cayaniká Part 2,* de l'auteur. (ndt)

[3] *III, 15* et *10-90-2.* (ndt)

[4] Voir note 1 p. 14 ou la présentation des différentes tendances ou com-
posantes de la Force divine du chap. 2 de *Sublime Spiritualité.* (ndt)

Selon la philosophie d'Ánanda Márga il n'est pas question de ciel et d'enfer. Ne vous laissez donc pas aller au désespoir. Dieu est présent en enfer comme au paradis. Vous n'êtes jamais seul. N'encouragez jamais le moindre sentiment d'incapacité ou de désespoir. Dieu *(parama puruśa)* est toujours avec vous. Cet Être suprême vous aime, vous ne devez donc pas souffrir du moindre complexe d'infériorité. Faites de lui le but de votre vie et devenez un être libre !

Patna, 15 août 1978

Les conséquences du libre arbitre

La différence fondamentale entre l'être humain et l'animal est que l'animal, quoi qu'il fasse, suit les règles données par Dieu, il suit ses instincts. L'être humain quant à lui agit en fonction de sa propre volonté et force morale. L'animal ne dispose pas de capacités mentales développées, l'être humain oui, alors si ce dernier ne fait pas appel à ses capacités mentales il est pire qu'un animal. Les corps individuels permettent des différences psychiques dépendant des actes passés. Un être humain peut bien agir, mal agir et même choisir la dégénérescence.

Qu'est-ce que pécher ? Il y a le péché *(pátaka)* véniel, que l'on ait mal agi activement *(pápa)* ou passivement (en ne faisant pas ce qu'on aurait dû) *(pratyaváya)*. Si ce genre de pécheur *(pátakii)* oublie ses mauvaises actions et prend le chemin de la spiritualité, sa rédemption est possible. Le deuxième type de pécheurs *(atipátakii)* est celui qui a infligé un dommage physique ou mental de nature permanente à une personne donnée. Quant au troisième type de pécheurs *(mahápátakii)*, ses péchés sont d'une extrême gravité dans la mesure où ils s'autoentretiennent/qu'ils sont de nature récurrente[1]. Pour le deuxième type de pécheurs, la meilleure voie [de rédemption] est de sacrifier son plaisir personnel et d'œuvrer au bien de l'humanité. Quant au troisième type de pécheurs, il doit bien sûr sacrifier sa vie au bien de l'humanité et en outre accomplir quelque chose

---

[1] Par exemple quelqu'un qui a ouvert la voie à une nouvelle façon de frauder. (ndt)

dont les bienfaits s'avèreront permanents pour l'être humain.

Patna, 16 août 1978

Quitter ses limitations

Pour l'être humain, la pensée est la cause de la servi-
tude comme de la libération.[1]

Pourquoi ? Parce que si en dessous de l'être humain aucun être n'a de pensée indépendante, que tous sont menés
par leurs instincts, l'être humain, lui, a une pensée libre. Il
agit en fonction de sa volonté. Il peut s'aliéner comme se
libérer. Là réside la différence fondamentale entre l'être
humain et l'animal.

La pensée requiert en permanence un objet [pour sub-
sister]. Les Écritures qualifient cet objet de la pensée de
nourriture mentale : *ábhoga*. Si ce qui nourrit l'esprit est
limité, l'esprit est lui-même limité. Si ce qui l'emplit est
infini, l'esprit devient, dans son effort d'atteindre cet objet
illimité, également illimité. Le choix de son objet mental,
limité ou illimité, dépend de la personne, de sa volonté. La
grandeur ou la petitesse de quelqu'un dépend ainsi entièrement de ce qu'il veut.

On est assujetti quand [sa pensée] se porte sur les ob-
jets, libéré lorsqu'elle est sans objet.[2]

Quand l'être humain s'attache à un objet mental limité,
il s'asservit. Quand son objet mental est illimité, ne pouvant

---

[1] *Mana eva manuśyáńaṁ káraṅaṁ bandha-mokśayoh.*
(Confer le *Viśṅu Puráṅa (6-7-28)* ou les
Brahma- et Ámrta-Bindu Upaniśads v. 2.)
[2] *Bandhas tu viśayásauṅgi mukto nirviśayaṁ tathá.*

le saisir, sa pensée perd toute limitation et se dissout en cet objet. On atteint alors à la libération.

> **Pris par ses limitations mentales, on reste un individu, libéré d'elles, on devient l'Esprit.**[1]
>
> *(Tantra)*

Qu'est-ce que la pratique spirituelle de l'être humain ? C'est oublier son individualité *(jiivatva)*, quitter ses chaînes et atteindre à l'universalité de l'Esprit *(shivatva)*. Cela seul est le but de l'être humain.

Patna, le 17 août 1978

---

[1] *Pásha-baddho bhavej jiivah pásha-mukto bhavec chivah.*

[Deux noms de l'Être suprême] : Krishna et Râma

Le mot *krśńa* a trois niveaux de signification : philosophique, physiologique et historique.

Un des sens philosophiques de *krśńa* est : celui qui attire tout être. Consciemment ou inconsciemment, chaque particule de cet univers est attirée par la Source universelle. C'est même le devoir de toute entité de se diriger vers elle : Dieu attire tout le monde à lui.

Le deuxième sens philosophique de *krśńa* est le sentiment d'existence, le je de l'individu *(jiiva)*. Puisque « *krśńa* » est là, ce sentiment d'existence, de je, est là ; s'il [*krśńa*, Dieu] n'était pas là, le je demeurerait-il ?

Qu'est-ce que le *krśńa* physiologique ? C'est lui qui, au centre du plexus supérieur[1] *(sahasrára)*, contrôle tous les instincts *(vrtti)* et inclinations *(pravrtti)*.

Le *Krśńa* historique, lui, était comme tout le monde le sait, une personnalité exceptionnelle qui a combattu et engagé autrui dans une bataille pour rétablir la justice *(dharma)* et la morale.

Chaque mot porte du sens. Un autre nom de Dieu[2] est Râma. Le mot *ráma* a aussi trois significations.

Un des sens de *Ráma* est : *Celui en qui les yogis se réjouissent (Ramante yoginah yasmin)*. La seule chose, la

---

[1] Situé au sommet de la tête et associé à l'épiphyse (la glande pinéale), ce plexus *(cakra)* « aux mille rayons » *(sahasrára)* est aussi dit multipropensif. (ndt)

[2] *Parama Puruśa* : l'« Être suprême ». (ndt)

seule entité d'où les yogis – autrement dit les pratiquants spirituels – tirent leur bonheur. Les pratiquants spirituels ne se satisfont pas d'objets temporels, limités. Ils veulent quelque chose d'infini : *On ne peut trouver le bonheur dans ce qui est limité[1]* [nous affirme la *Chándogya Upaniśad*]. Cet objet infini qui leur apporte la béatitude n'est autre que Râma. *Ánanda Sútram* nous dit : *La Béatitude est un bonheur infini,[2]* c'est cette béatitude que veulent les pratiquants spirituels, et non un bonheur limité. Ainsi, *[Râma est] celui en qui les yogis trouvent le bonheur*$_s$.

Le deuxième sens de *Ráma* est : *Ráma est l'entité la plus étincelante du cosmos – Ráti mahiidharo Rámah*. La première syllabe de *ráti* – *rá* – et la première syllabe de *mahiidhara* – *ma* – forment *Ráma*. Pourquoi *la plus étincelante* ? Parce que toutes les autres entités tirent leur énergie de lui. Dans ce système solaire, nous tirons notre énergie du soleil. Où le soleil trouve-t-il la sienne ? Le soleil tire son énergie de Dieu, la Source de ce système cosmologique. Il y a d'innombrables systèmes solaires dans le cosmos. Le cœur de tous ces systèmes solaires est Dieu, le Très-Haut (*Parama Puruśa, Puruśottama*). Il est au cœur de toute énergie, c'est de lui seul que le soleil tire son énergie. C'est pourquoi [Dieu] est : *L'Entité la plus étincelante du cosmos (Ráti mahiidharah)*.

Le troisième sens de Râma est donné par : *Ráma est la mort de Rávańa[3]*. Qui est Râvana ? Râvana est un person-

---

¹ *Nálpe sukham asti. (7.23.1)*
² *Sukham anantam ánandam. (2-3)*
³ *(Rávańasya marańaḿ Rámah)* ; et la première syllabe de *Rávańasya* forme avec la première syllabe de *marańam* : Ráma.

nage du *Râmâyańa*. Le *Râmâyańa* est un conte mythologique et non historique, Râvana y est un démon à dix visages. Celui-ci représente l'esprit humain tourné vers l'extérieur, les dix directions[1], c'est-à-dire vers la matière, qui s'écarte de la Source [spirituelle], emporté par la force centrifuge.

Comment se sauver de cette dégénérescence spirituelle ? On ne peut vaincre, détruire Râvana qu'en prenant refuge en Dieu *(Râma)*. C'est pourquoi Dieu est « la mort de Râvana »ₛ : lorsqu'on s'abrite en Dieu *(Parama Puruśa)*, Râvana meurt automatiquement. Râma est ainsi celui en qui Râvana meurt automatiquement, il est « La mort de Râvana » *(Râvańasya marańam)* : *Râ* – la première syllabe de *Râvańasya* [de Râvana] – et *ma* – la première syllabe de *marańam* [la mort].

Patna, 18 août 1978 (matin)

---

[1] (Nord, sud, ouest, est, nord-ouest, nord-est, sud-ouest, sud-est, haut et bas), autrement dit toutes les directions, et représentant, dans la tradition indienne, symboliquement tout endroit dans l'espace. (ndt)

Les interprètes ne sont pas d'accord

Le mot *Rávańa* est formé de *rao*[1] suffixé par *ana* : *rávańa,* ce qui conduit à la ruine, à la complète déchéance morale[2]. [Nous avons vu ce matin que] Râvana, c'est l'esprit humain dégradé, l'esprit agissant dans les dix directions [autrement dit dispersé dans le monde extérieur]. Râvana est un personnage mythique, et non historique.

La littérature sanscrite renferme quatre genres : le récit poétique *(kávya)*, le conte mythologique *(puráńa)*, la chronique historique *(itikathá)* et l'épopée historique *(itihása)*[3]. Veda Vyása écrivit dix-huit contes mythologiques. Certains d'entre eux pouvant sembler s'opposer à la philosophie [spirituelle], il mendia le pardon divin dans un poème.

Ainsi, quelle est « la plus brillante entité » ? La Source de cet ordre cosmologique, parce que toute autre entité prend son énergie en Elle, autrement dit dans la plus brillante, la plus étincelante entité.

Tout, grand ou petit, est d'ordre cyclique : l'atome avec son noyau et ses électrons, la lune qui tourne autour de la terre, les planètes vis-à-vis du soleil, le système solaire qui tourne autour de Dieu, source de tout ce système cosmolo-

---

[1] Forme causative de la racine verbale *ru.* (ndt)

[2] « À l'enfer *(naraka)*, l'enfer *raorava* [le plus bas des enfers]. »

[3] Plus précisément : « *Kávya* c'est une belle histoire expliquée de façon lucide et très systématique, vraie ou non. Le *puráńa* est une fiction à haute valeur éducative. L'*itikathá* (appelée aussi *purákathá, itivrta* ou *purávrtta*) le récit chronologique d'événements réels, et *itihása* le récit d'un moment historique à haute valeur éducative. » (ndt)

gique. Voilà pourquoi la comparaison de Dieu *(Parama Puruśa)* au soleil a du sens.

L'électricité prend son énergie, directement ou indirectement, dans le soleil. Le soleil et les autres manifestations tirent leur énergie de Dieu. Dieu est l'entité la plus lumineuse, les autres ne sont qu'un reflet de sa lumière. Il est l'objet le plus étincelant de cet univers.

L'énergie est toujours invisible. Nous voyons l'effet de l'énergie électrique dans les lampes, les ventilateurs, etc. C'est de même que nous ne voyons pas le soleil mais seulement son action. Il semble rond mais de près, ce n'est que quelque chose qui brûle. Ainsi nous ne pouvons que ressentir le soleil et l'électricité. Il en est de même de la pensée : on ne peut ni montrer ni voir sa pensée, mais on peut la ressentir. Pareillement de Dieu, on ne peut que le ressentir, on le connaît intérieurement.

Notre pensée se manifeste par notre corps. Par exemple quand on étale son savoir, qui est une façon de s'exprimer psychiquement. Quand on ressent totalement son existence, on peut manifester une personnalité transformée. Sous l'effet de la peur on peut en venir à voir des fantômes : notre être tout entier se contracte, notre pensée s'objective, on hallucine. De même, lorsque notre esprit est tout entier empli de Dieu on peut à peine soutenir, encore moins exprimer, sa Béatitude, on la ressent, on ne peut qu'en jouir !

L'être humain peut faire de petites choses comme de grandes choses. Il est un intermédiaire, agissant à l'aide de l'énergie divine.

Une histoire des Upanishads raconte qu'un jour Indra, chef des *devatás*[1] s'approcha de Dieu, [cette Entité extra-lumineuse], la *Source de toute énergie,* pour un enseignement. Dieu lui dit un mot : « *da* ». Les *devatás* l'interprétèrent comme « *damanam kuru* » [pratique la maîtrise de soi]. Les êtres humains et les *asuras*[2] s'approchèrent aussi de Dieu qui leur dit également « *da* ». Les humains le comprirent comme « *dayám kuru* » [pratique la compassion, la miséricorde], tandis que les *asuras* le comprirent comme « *dánam kuru* » [pratique l'offrande] (c'est pourquoi [le *Râmâyana*] parle d'un roi *asura* nommé le « Grand Oblateur » *(Mahâ-Bali)*).

Patna, 18 août 1978 (soirée)

---

[1] Êtres spirituels. (ndt)
[2] Originellement les Assyriens qui émigrèrent en Inde. (ndt)

Faire plaisir au Seigneur

On reconnaît pour atteindre à la réalité suprême de Dieu *(parama-tattva)* trois voies : celle de la connaissance théologique *(jiṇána)*, celle de l'action consacrée/des bonnes œuvres *(karma)* et celle de l'amour de Dieu *(bhakti)*. Tout le monde admet, et le professeur Shankara *(Shaṁkará-cárya)* – que l'Inde a considéré comme le plus grand des philosophes – l'a également dit sans la moindre ambiguïté : *L'adoration (bhakti) est le meilleur des moyens de salut.*[1]

L'adoration est supérieure à la connaissance et à l'action consacrée. Qu'est-ce que l'adoration – *bhakti* – ? Le mot *bhakti* est formé de la racine verbale *bhaj* suivie du suffixe *ti (ktin)*. Le sens de « *bhaj* » est de se diriger vers l'Être suprême sans la moindre réserve. Nous appelons *bhakti* [adoration] le mouvement mental où tous les sentiments, toutes les aspirations d'une personne se dirigent sans autre pensée vers cet Être un. Le flot de cette adoration est fait d'amour divin *(prema)* : *Quand ce flot ne coule que vers le Seigneur (Viśṅu) et vers rien d'autre, il s'agit d'amour divin (prema).*[2]

(Qui est *Viśṅu* ? C'est celui qui est indissolublement associé à tout *(sarvánus[yú]ta)* : *Vichnou est l'entité qui imprègne tout dans cet univers.*ₐ[3])

---

[1] *Mokśa-káraña-sámagryáṁ bhaktir eva gariiyasii.*
    (Vivekacúḍámaṅi, 31)

[2] *(Ananya-mamatá viśṅor mamatá prema-sauṇgatá). Mama* signifie mien, *mama-tá* désigne ainsi la qualité d'être mien.
    (Nârada, *Paiṅca-rátra*, repris dans le *Bhakti-rasámrtasindhu (1.4.2)* et le *Caetanya-caritámrta (2.23.8))*

[3] *Vistárah sarva-bhúteśya viśṅor vishvam idaṁ jagat.*

L'adoration ne supporte pas de mélange. À l'or, on mélange du cuivre, mais à l'adoration, on ne doit rien mêler. L'adoration *(bhakti)* doit être pure, sans mélange *(shuddhá)*, c'est-à-dire qu'on ne doit pas avoir de désir caché. Si l'on a une autre pensée [que celle de Dieu], il se peut que ce désir vienne à être comblé, mais Dieu *(Parama Puruśa)*, lui, restera un vœu pieux. Votre désir caché était votre principal désir et votre adoration une façade. Cela ne fera pas l'affaire.

Qu'est-ce qu'une pure adoration *(shuddhá bhakti)* ? « Je ne veux rien de toi. Je t'aime. Je t'aime car t'aimer me réjouit » est une pure adoration : c'est l'adoration passionnée *(rágánugá)*[1].

L'adoration passionnée n'est cependant pas le point final. Dans l'adoration passionnée, il y a l'idée que vous aimez Dieu parce qu'en l'aimant vous en tirez du plaisir. Les plus grands amoureux de Dieu ne pensent même pas comme cela. Ils aiment Dieu non parce que cela les rend heureux, mais parce que lui en est heureux. Ce qu'ils veulent, c'est lui faire plaisir : « Je ne veux même pas de plaisir pour moi, je veux te faire plaisir, c'est pour cela que je t'aime. » Voilà la suprême dévotion, qu'on dit pur amour *(rágátmiká)*.

L'adorateur (gopa) est celui qui fait plaisir.[2]

On appelle ceux qui pratiquent cette adoration qui est pur amour les *gopa*. En sanscrit courant *gopa* désigne celui qui élève des vaches *(go)*. Mais dans le langage philosophique ce n'est pas le cas. [Le verbe] *gopayate* signifie « faire

---

(Viśńu Puráńa 1,17.84)
[1] Lire *Sublime Spiritualité* chap. 7. (ndt)
[2] *Gopayate yah sa gopah.*

plaisir », ainsi ceux dont la nature est de faire plaisir à Dieu *(Paramátman)* sont les *gopas*.

Les traités mystiques affirment que Dieu est l'esclave de son *gopa* ([son amoureux]). Tout le monde devrait donc encourager cette adoration de pur amour, elle est le seul moyen vraiment bienheureux d'atteindre à la libération spirituelle. Il n'y en a pas d'autre.

Patna, 19 août 1978

Ouvrir son cœur par le *kiirtana*, le chant d'Amour de Dieu

On cite souvent à propos des chants d'Amour de Dieu *(kiirtana)*, ce verset des textes mystiques :

« *Je ne demeure pas au paradis ni dans le cœur des yogis. Ô Nârada, je me tiens là où mes adorateurs chantent mon nom.[1]* »

Le Seigneur *(Náráyaṅa)* dit où il demeure et où il ne demeure pas. Le Seigneur est indissolublement associé à tout *(sarvánus[yú]ta)*. Dans les Écritures, on le nomme *Viśṅu* en tant qu'il imprègne tout : *Tout cet univers est la manifestation de Viśṅu qui s'étend partout.[2]*

Je ne demeure pas au paradis (vaekuṅṭha).s, a Qu'est-ce que *vaekuṅṭha* (le paradis) ? [*Vae[3]* signifie « sans »] et *kuṅṭha* contraction. Pourquoi y a-t-il contraction psychique ?

Lorsqu'une personne agit mal et se laisse guider par ses plus bas instincts, son psychisme se contracte. Cette contraction de la psyché empêche la pleine expansion de l'âme *(átman)* en cette personne. Pour permettre à l'âme d'atteindre à sa pleine expression, il faut supprimer cette contraction. Quand cette contraction quitte-t-elle le psychisme ? Lorsque celui-ci s'éloigne du péché. Lorsque la

---

[1] *Náhaṁ vasámi vaekuṅṭhe yogiinám hrdaye na ca, Mad-bhaktá yatra gáyante tatra tiśṭhámi Nárada.* (Padma Purâna, 6,92,21, repris aussi par Gopálabhaṭṭa Gosvámii, *HariBhaktiVilása 8,284*, etc.)

[2] *Vistárah sarva-bhúteśya viśṅor vishvam idaṁ jagat.* (Vichnou Purâna 1,17.84)

[3] Forme allongée du préfixe ici privatif *vi.* (ndt)

contraction quitte le psychisme, le péché s'efface et la personne a le paradis *(vaekuńtha)* dans son cœur. [Pourtant] le Seigneur dit : *Je ne demeure pas au paradis*[s, a].

Dieu ne demeure pas *non plus dans le cœur des yogis*[s, a]. S'il ne réside pas dans le cœur des yogis, où réside-t-il ? Mais si le Seigneur lui-même le dit, que puis-je dire ? Nous ne pouvons que l'accepter. Qu'est-ce qu'un *yogii* ?

Le yoga est l'union de l'être individuel à Dieu.[a][1]

(Ahirbudhnya-Samhitá)

Le mot *yoga*[2] signifie « union ». Lorsqu'on additionne deux à deux, on obtient quatre mais ces quatre peuvent conserver leur existence séparée. Deux mangues plus deux mangues donnent quatre mangues. Ces mangues peuvent être de différents types. Bien que les deux soient maintenant quatre, elles ne sont pas devenues une, leurs existences séparées ne se sont pas unifiées. Ce type d'union n'est pas du vrai yoga. Le véritable yoga conduit à l'unification/à un seul et même sentiment ou flot *(samarasa)*, c'est-à-dire au type d'union dans laquelle les entités séparées n'existent plus. Toutes deviennent une. Voilà la vraie signification du mot yoga. Le *yogii* est celui qui a atteint à la perfection de cette union.

Le deuxième sens de yoga est donné par :

Le yoga est la mise en suspens des propensions de la psyché humaine.[a][3]　　(Patanjali, *Yoga-sûtra*)

Celui qui a accompli cela est le *yogii*.

---

[1] *Samyogo yoga ity ukto jiivátma-Paramátmanoh. (31-15)*
[2] Qui dérive de la racine verbale *yuinj* par l'opérateur suffixal *ghain*.
[3] *Yogash citta-vrtti–nirodhah. (I, 2)*

Ainsi, le Seigneur dit qu'il ne demeure pas non plus dans le cœur des yogis. Comme c'est étrange ! Dieu est présent partout, le cœur d'un yogi est-il au-delà de ce tout ? Il y a néanmoins une réponse :

Là où mes adorateurs chantent mon Nom, je demeure.
*Ô Nârada, je transfère mon siège à cet endroit.*s, a

Qui est *Nárada* ? *Nára* a trois sens en sanscrit : l'eau, la force créatrice divine (de là vient le mot *Náráyana[1]*) et la dévotion. *Da* vient de la racine verbale *dá* (donner) et désigne « celui qui donne ». Nârada est ainsi celui qui répand la dévotion.

Le Seigneur dit à Nârada : « Je transfère mon siège là où mes adorateurs chantent mon nom. » Pourquoi [dit-il cela] ? Parce qu'il y a dans l'adorateur une vague *(ucchavása)* d'émotion *(ávega)*, et par cette émotion : « Je rayonne mes vibrations dans tout l'univers ».

Comment des vibrations pourraient-elles émaner du cœur d'un yogi qui a fermé les dix portes[2] de son être, bloquant tous ses élans ? Même si Dieu y déplaçait son siège, sa vibration ne pourrait en émaner. Mais qu'il se tienne au milieu de ses adorateurs, et l'univers tout entier en est irradié. Dieu atteint ainsi son but. Il est donc sage de sa part de résider dans le cœur de ses adorateurs. Il est vrai que le Seigneur est partout, mais sa vibration ne jaillit *(sphurana)*, ne rayonne *(vikśurana)* et ne prends pas vie *(spandana)* partout. Dieu est partout mais sa vibration émane de son siège/ son cœur. Il place celui-ci là où ses adorateurs chantent son

---

[1] « Le Seigneur » (littéralement « le refuge *(ayana)* de la Force créatrice *(nára)* », autrement dit, Dieu). (ndt)
[2] Les « portes » que sont les sens et les organes moteurs. (ndt)

Nom. Peut-il y avoir un meilleur endroit ? C'est pourquoi cette déclaration du Seigneur est un fait.

Patna, 20 août 1978

Trouver la Suprême Vérité

Le Très-Haut *(Puruśottoma)* est le centre de ce système cosmologique. Dans le système atomique, il y a un noyau et les électrons se meuvent autour de lui. Dans notre système terrestre, la lune tourne autour de la terre. Dans le système solaire, les différentes planètes gravitent autour du soleil. Pareillement, dans ce système cosmologique, le Très-Haut est le Centre et tant d'objets se meuvent autour de lui, tant de systèmes solaires tournent autour de ce centre. Ce mouvement cosmologique a cependant une particularité : si dans les autres systèmes, les systèmes plus petits, le mouvement est d'ordre physique, le mouvement par rapport au Centre cosmologique n'est pas que physique, il est aussi psychique. C'est-à-dire que tous – consciemment ou inconsciemment – se meuvent également autour de lui psychiquement.

Ceux qui se meuvent autour de Dieu consciemment – qui dansent consciemment autour de lui – sont chanceux, très chanceux. Les autres se déplacent autour de lui inconsciemment. Parfois ils accroissent sans s'en rendre compte leur rayon/leur distance par rapport à lui, par leur attention marquée aux objets grossiers. D'autres fois, ils le diminuent. Lorsque, par leur manque de Connaissance/de conscience spirituelle, le rayon s'accroît, ils ressentent de la peine, et quand ce rayon diminue, ils sont dans la joie. Voilà donc la particularité de ce Centre cosmologique. Dans le cas d'autres centres, le mouvement n'est que physique.

Gardez tous à chaque instant à l'esprit que chaque création mentale, chaque force mentale tourne autour de ce Centre suprême. Votre approche doit être subjective, et rester en harmonie avec le monde objectif. Notre méditation collective *(dharmacakra)* est une approche subjective.

Dieu est le Suprême Sujet, tout le reste est son objet. Nos sens et nos organes moteurs sont les objets de notre conscience qui est alors le sujet. Notre conscience est elle-même l'objet de notre âme *(átman)* qui est là le sujet. Notre âme est l'objet de Dieu, Âme des âmes *(Paramátman)* qui est ici le Sujet. Dieu est ainsi le Suprême Sujet/l'état suprême de sujet, des mondes supra-mentaux *(atimánasa kośa)* divins *(Brahma)* jusqu'à la réalité extérieure la plus grossière.

Lorsqu'il y a connaissance/savoir (théologique) sans Amour de Dieu, l'on s'efforce de prouver sa compétence, et tandis que cet effort d'asseoir son autorité devient plus important que de découvrir Dieu, on échoue à trouver la Suprême Vérité.

Patna, 21 août 1978

Que désirez-vous ?

Il y a d'innombrables moralistes. Certains vous disent qu'une chose est bien, d'autres qu'elle ne l'est pas. On ne peut donc pas dépendre des moralistes. On doit rester fidèle à ses idéaux, suivre ses principes et ne pas dépendre de ce que disent les raisonneurs.

Que ceux versés en éthique les blâment ou les louent, que la déesse de la Fortune s'installe chez eux ou qu'elle aille où bon lui semble, que leur mort vienne aujourd'hui ou à la génération suivante, les sages ne dévient pas de la voie juste.[1]

(Bhartrhari[2])

Les traités *(shástras)* disent que l'on ne doit pas renoncer à ses idéaux, qu'on nous loue ou qu'on nous insulte, que la richesse vienne à nous ou nous quitte, que l'on vive mille ans ou que l'on meure l'instant suivant. C'est alors qu'on mérite le nom de sage *(dhiira)*. Mon conseil est que vous deveniez des sages. Vous devez rester fidèle à vos idéaux en dépit de tout. Votre développement spirituel en dépend.

Si Dieu vous demande : « Que veux-tu ? », que devez-vous répondre ? Vous devez répondre : « Ô Seigneur, je désire ta bénédiction de sorte que ma pensée suive toujours le bon chemin. » Vous savez que votre pensée est la cause de votre chute comme de votre progrès. Si elle est bien dirigée, que pouvez-vous souhaiter d'autre ?

---

[1] *Nindantu niiti-nipuṅáh yadi vá stuvantu, Lakśmiih samávishatu grhaṁ gacchatu vá yatheśṭam ; Adyaeva maraṅam astu yugántare vá, Nyáyát pathah pravicalanti padaṁ na dhiiráh. (Niiti-Shatakam, 84)*
[2] Poète sanscrit du 7e siècle, *Cent Préceptes moraux.* (ndt)

Les Védas disent que le créateur de cet univers est grand et que notre prière doit être : « Que notre pensée reste toujours attachée au Bien. » La prière *gáyatrii* dit : « Ô Créateur de cet univers, guide mon esprit vers le Suprême Bien. »

Les Védas comportent différents mètres ou structures rythmiques du vers *(chandas)* : la *gáyatrii,* l'*anuśtup,* le *triśtup,* la *jagatii,* la *mahatii,* etc. ; la strophe *gáyatrii* a trois vers de huit pieds.

La prière dite *gáyatrii*[1] conduit celui qui la récite à la voie du salut. Tant que l'on n'a pas reçu l'initiation au culte intérieur *(iśta-mantra*[2] *sádhaná)/*à la pratique de la méditation, on peut réciter cette prière. Une fois que l'on a reçu l'enseignement individualisé de la méditation spirituelle *(iśta-mantra sádhaná),* l'on n'a plus besoin de la prière *gáyatrii.*

Patna, 22 août 1978

---

[1] Qui est en fait le *Savitr-rik* du *RigVeda* (commenté p. 69). (ndt)
[2] Le *mantra* personnel qui nous met en relation avec notre être intérieur. (ndt)

Nature humaine et spiritualité

Cet univers manifesté contient des êtres vivants et des objets inanimés. Tous ont une nature qui leur est propre *(dharma)*. Les créatures vivantes partagent certaines caractéristiques. L'être humain a toutefois en propre une nature spirituelle *(bhágavata)*. Cette nature spirituelle implique l'expansion *(vistára)*, la dévotion *(rasa)* et le service *(sevá)*. Suivez votre nature propre *(svadharma)* qui est spirituelle *(bhágavata dharma)*.

L'on aime Dieu consciemment ou inconsciemment. Tout le monde a un penchant pour la spiritualité. La religion hindoue, musulmane ou chrétienne n'est pas la nature propre humaine qui est la spiritualité. La spiritualité *(bhágavata dharma)* n'a aucune coloration *(guńa)* particulière car elle est au-delà de cela.

Les qualités *(guńa)* consciente, mutatrice et inertiante [de la Puissance agissante divine] sont comme des voleurs vivant dans la forêt. Ceux-ci rencontrent un jour un brave homme qui s'est perdu et erre dans les bois. L'un des voleurs ficelle l'homme qui lui demande qui il est : « Je suis la force inertiante *(tamoguńa)* » répond le voleur. Le deuxième voleur trouvant l'homme se tordant de douleur le détache de ses liens. L'homme lui demande qui il est. Ce voleur répond : « Je suis la force qui permet le changement *(rajoguńa)* ». Le troisième voleur[1] s'émeut de sa situation critique et lui dit : « Si tu vas dans cette direction, tu atteindras la cité, la cité de la lumière, de la spiritualité. Nous,

---

[1] Représentant la force consciente/spiritualisante *(sattvaguńa)*. (ndt)

nous sommes des voleurs, nous ne pouvons pas aller à la cité divine, la cité de la spiritualité. »

Suivez votre nature propre. Même s'il est difficile de la suivre et plus facile de suivre la nature animale, ou végétale, vous ne devez pas renoncer à votre véritable nature qui est spirituelle. Ceux qui suivent une autre nature vont vers le grossier, la matière. Si vous voulez vous libérer de la souffrance, suivez votre nature spirituelle.

Patna, 23 août 1978, matin.

La meilleure sorte de personnes

Il y a trois sortes de personnes : les supérieures, les intermédiaires et les inférieures.

Les personnes inférieures n'entreprennent rien. Pensant être trop ordinaires pour pouvoir agir, elles sont dans la peur constante des probables obstacles qu'elles pourraient rencontrer dans leur tâche et ne s'attellent à aucune.

Les personnes intermédiaires sont celles qui entreprennent d'agir mais qui y renoncent quand elles rencontrent un obstacle. Dès qu'un obstacle s'interpose, elles l'imaginent monumental et renoncent à agir. Elles ne pensent pas être capables de s'attaquer au problème rencontré, elles n'ont pas confiance en leurs capacités.

Les personnes supérieures sont celles qui prennent une tâche en main avec la ferme intention de la réaliser. Elles se battent contre tous les obstacles jusqu'à atteindre leur but. Tout problème a une solution. Il n'y a pas de difficulté plus grande que leur capacité à la résoudre. Elles avancent en combattant tous les obstacles. Elles peuvent affronter tous les défis et faire face à toutes les situations difficiles. Elles sont déterminées à atteindre leur objectif, advienne que pourra.

Je veux que vous soyez des personnes supérieures. Gardez toujours votre but spirituel à l'esprit. Regardez constamment en direction de votre idéal. Par cette pensée spirituelle, vous pouvez recevoir la force de persévérer dans vos principes.

Patna, 23 août 1978, soir.

Avoir bon esprit

Si Dieu *(Parama Puruśa)* vous questionne sur votre désir d'obtenir quelque chose, que répondrez-vous ? Vous ne devriez dire qu'une seule chose : « Je veux ta bénédiction de sorte que mon esprit, ma pensée suive le droit chemin. » Car quand ses pensées sont dirigées dans la bonne direction, qu'y a-t-il d'autre à souhaiter ? Tout est atteint. L'être humain chute à cause des défauts de sa pensée.

Sa no buddhyá shubhayá saṁyunaktu !
Que Dieu garde notre pensée attachée au Bien !

Les Védas disent : « Le Créateur de cet univers est grand. La seule prière que je lui adresse est qu'il garde toujours mon esprit *(buddhi)* attaché au Bien *(shubha)*. Je ne veux rien d'autre. »

La prière *(mantra) gáyatrii* dit la même chose :

Oṁ́, bhúr bhuvah svar…
Ce qui est à désirer du Père des mondes est que nous placions notre attention sur sa Lumière divine et qu'elle conduise nos pensées.[1]

Que nous méditions sur (dhiimahi)… [la Lumière de Dieu] : Pourquoi méditons-nous sur elle[2] ? Pour qu'elle puisse conduire nos pensées sur la voie du Bien.

Cet univers est septuple *(sapta-lokátmaka)* ayant sept plans : *bhúh, bhuvah, svah, mahah, janah, tapah* et *satya[1]*.

---

[1] *Oṁ́, bhúr bhuvah svar, Oṁm, Tat savitur vareṅyaṁ,
Bhargo devasya dhiimahi Dhiyo yo nah pracodayát, Oṁm.*
[2] Dieu et sa lumière sont une seule et même chose. (ndt)

On s'adresse [ici] à son Créateur par le mot Père *(Savitá[2])* : « Nous méditons sur la divine et adorable lumière du Créateur des sept mondes. » Pourquoi méditons-nous sur elle ? Pour qu'elle puisse conduire notre esprit, nos pensées *(buddhi, medhá)* sur le bon chemin[3].

La seule prière que devrait exprimer l'être humain est que sa pensée soit bien dirigée. Si celle-ci est rectifiée, il a tout obtenu. Si elle s'égare, rien ne l'est, même en ayant tout.

Patna, 24 août 1978

---

[1] Ces plans sont des subdivisions de l'Esprit – du pur Esprit *(Satya*, la Vérité absolue) jusqu'à la matière *(bhúh*, ce monde physique) – engendrées au cours de la densification de l'Esprit, la matérialisation. (ndt)

[2] *Savitá* signifie père. Certaines personnes appellent par ignorance leur fille *Savitá*. Une fille ne devrait pas s'appeler *Savitá*. *Savitá* [nominatif de *savitr*] est un mot masculin et signifie « père ».

[3] *Dhii* signifie « pensée » [décliné ici, dans la prière *gáyatrii*, en *dhiyah* (pluriel)] ; *nah* signifie « nos » et *pracodayát* : « guider sur le bon chemin ».

L'avènement du Seigneur

Yadá yadá hi dharmasya glánir bhavati bhárata,
Abhy-utthánam a-dharmasya tadátmánam srjámy aham.
[Assurément, ô roi (bhárata), lorsque le bien s'abaisse
/s'affaiblit et que le mal s'accroît, je m'incarne/me crée,
dit Krishna à Arjuna.
(Bhagavad Giitá 4-7)]

Krishna naquit environ 3500 ans en arrière. Son avènement *(ávirbháva)* eut lieu à une période critique où l'humanité souffrait. Il mit fin à ces souffrances en créant le *Mahábhárata*[1]. Il donne ici l'assurance au monde qu'il n'y aura pas de dégradation du Bien *(dharma)*, qu'il viendra le sauver.

Essayez de comprendre les paroles de Krishna. Il s'adresse à *Arjuna* par le terme [« roi »] – *bhárata*[2]. *Bhar* [racine verbale] + [opérateur suffixal] *al* donne [*bhára*] : « celui qui fournit la nourriture » ; *ta* signifie « développement général ». Celui qui s'efforce de fournir aux êtres humains leur nourriture pour qu'ils puissent préserver leur existence et se développer psychiquement est ainsi *bhárata*.

Si le corps se développe jusqu'à ses trente-neuf ans, après quoi il décline, au niveau psycho-spirituel, on se développe jusqu'à la fin de sa vie. On appelle l'endroit, le pays où cela peut se produire *Bhárata-Varśa* [le pays *bhárata*] (*varśa* désigne une partie du globe, *bhárata* tout seul

---

[1] Le terme *Mahábhárata* (« Grand *Bhárata* ») désigne à la fois la campagne militaire qui aboutit à l'unification de l'Inde, et cette Inde unifiée elle-même. (ndt)
[2] « Ici *bhárata* signifie roi » *(Ánanda Vacanámrtam Part 23)*. (ndt)

ne désigne pas un pays, pour cela il faut lui adjoindre le mot *varśa[1]*). Jusqu'à ce que les Aryens arrivent en Inde, ils erraient pour préserver leurs vies. Leur arrivée [en Inde] résolut le problème de leur subsistance ainsi que celui de leur développement psychique. C'est pourquoi ils appelèrent ce pays *Bhárata-Varśa*.

Krishna s'adresse à Arjuna par le terme *bhárata*. Krishna voulait qu'il endosse la responsabilité du développement physio-psycho-spirituel d'autrui. C'est pourquoi il s'adresse à Arjuna par ce mot.

Qu'est-ce qu'un affaiblissement/une dégradation *(gláni)*. C'est un état inférieur au niveau généralement admis. Lorsque le bien baisse au-delà de ce qui est acceptable, on le dit dégradé. Par exemple, une couronne se place sur la tête, si quelqu'un la porte sur le pied on peut la considérer déchue.

Ainsi, Krishna nous assure que lorsqu'il y a dégradation du bien *(dharma)* et que s'accroît le mal *(a-dharma)*, lorsque les couvre-chefs décorent les pieds et les sandales les têtes, il vient en Sauveur *(Táraka Brahma)* rétablir le bien à son niveau d'origine. Dans ces circonstances, les actions des personnes ordinaires sont sans effet, alors Dieu se crée, se crée lui-même – *tadá átmá > tadátmá* – en tant que Sauveur. Le Sauveur polarise le bien et le mal, il les met en situation de s'affronter.

Même si le bien perd son hégémonie, s'abaisse, se corrompt, autrement dit qu'il perde une bataille face au mal dans une étape de la guerre [entre le bien et le mal], à la fin

---

[1] Les Indiens utilisent souvent, par ellipse, le seul mot *Bhárata* pour désigner l'Inde. (ndt)

le bien gagne. Car, comme vous le savez, une guerre a différents moments qu'on nomme batailles. Il se peut donc que le mal gagne une bataille, le bien une autre, mais pour terminer, à la suite de la bataille finale, c'est le bien qui gagne. C'est pourquoi, être humain, n'aie pas peur, la lumière c'est certain apparaîtra à la suite de l'obscurité.

Patna, 25 août 1978

Le but de l'avènement divin

Paritráńáya sádhúnáḿ vináshánya ca duśkrtám,
Dharma-saḿsthápanártháya sambhavámi yuge yuge.

[Aux changements d'âge, pour secourir de façon permanente les justes et faire disparaître les pécheurs, j'adviens à l'existence, pour restaurer et protéger le bien. *(Bhagavad Giitá 4.8)]*

Je vais finir l'exposé commencé hier.

Tráńa signifie secours, *pari-tráńa* secours permanent. Quant au juste *(sádhu)*, c'est celui dont l'action profite à autrui physiquement, psychiquement et spirituellement. Qu'est-ce que faire disparaître *(vinásha)* ? C'est retourner un objet à sa cause *(násha)* de telle sorte qu'il ne se relève plus. Qu'est-ce qu'un pécheur *(duśkrt[1])* ? C'est celui qui fait ce qu'il ne devrait pas *(pápa)* ou qui s'abstient d'agir alors que son devoir moral le lui commande *(pratyaváya)*, ce qui est pire.

Qu'est-ce que « restaurer et protéger » *(saḿsthápana)* ? Chaque chose a une valeur, une place qu'on lui reconnaît. Restaurer *(sthápana)* cette chose c'est la ramener d'un état dégradé à son état originel. Restaurer et protéger *(saḿsthápana)* c'est faire bien attention à cette chose restaurée dans son statut.

*J'adviens à l'existence/Je nais*ₛ, autrement dit je me manifeste pleinement *(samyak rúpena)*. Vous avez dû entendre parler de la pleine vision *(samyak darshana)* et de la

---

[1] *Duśkrtám* [est le génitif pluriel de *duśkrt* qui] signifie pécheur *(pátakii)*, celui qui est dans le péché *(pátaka)*.

pleine connaissance[1] *(samyak jiṇána)*. Qu'est-ce qu'une pleine manifestation ? [C'est] lorsque la Source de cet univers endosse un corps physique ; là seulement : *Je nais (sambhavámi)*. Notre philosophie parle alors de Sauveur *(Táraka-Brahma[2])*. En acceptant un corps physique, le Sauveur parcourt le monde de l'existence *(bháva/[bhava])* tout en restant relié à l'Entité au-delà de toute caractéristique *(nirguńa)*, de toute forme *(nirákára)*, transcendantale, au-delà de l'existence *(bhávátiita)*.

Les derniers mots sanscrits sont *yuge yuge* [aux changements d'âge]. Un *yuga* désigne généralement la fin d'une ère, d'une longue période. La vie humaine est, vous le savez, un courant idéologique. Lorsque la norme et les valeurs sociales descendent plus bas que bas, au point que l'être humain s'en trouve perturbé, Dieu *(Parama Puruśa)* déclenche un changement dans cette atmosphère mentale : le niveau d'excellence populaire et les valeurs morales changent radicalement, on est à un changement d'ère (un *yuga)*. Ce type de changement est au-delà des capacités humaines. Seul le Sauveur peut le matérialiser. C'est pourquoi Krishna dit qu'il fait naître la Source.

Un changement d'ère *(yuga parivartana)* est en cours. Plongez-vous tous entièrement dans la tâche de matérialiser une société véritablement éclairée *(sadvipra-samája)*. Ne soyez pas indécis ou hésitant, n'ayez peur en aucune circonstance, votre victoire est assurée.

Patna, 26 août 1978

---

[1] Les deux premiers des « trois joyaux » jaïns. (ndt)

[2] *Táraka* signifie libérateur et aussi « passeur », pont entre ce monde relatif et le monde absolu. *Táraka-Brahma* est une notion tantrique. (ndt)

L'équilibre mental

L'être humain ne cherche en réalité ni la joie ni le chagrin mais la paix de l'esprit, la quiétude. Dans la vie quotidienne, on rencontre différentes sortes de personnes, on se bat même parfois avec certaines d'entre-elles. Comment alors trouver la paix de l'esprit ?

Celui qui agit mal souffrira aussi de mauvaises actions. Ce genre de personne perd son équilibre mental au moindre affrontement. Une personne qui se conduit bien garde son équilibre mental dans son combat contre le mal. Cela caractérise celui ayant acquis la paix de l'esprit.

La jalousie et la haine peuvent vous faire passer des nuits blanches. Lorsque la personne que vous haïssez essuie un revers, vous ne vous sentez pas normalement désolé pour elle. Mais vous devriez avoir de la compassion même pour la personne la plus coupable. Vous devriez vous sentir désolé pour elle.

Il y a une strophe hindie dans laquelle on demande à une personne pourquoi elle a l'air triste : « As-tu perdu quelque chose ou donné quelque chose à quelqu'un ? » La personne répond : « Je n'ai ni perdu ni donné quoi que ce soit. Je suis triste parce que je vois d'autres personnes obtenir ce que moi je n'obtiens pas. » Une telle envie et une telle jalousie sont mentalement dégradantes.

Ne méprisez personne même le plus perdu, le plus pécheur et le plus coupable. Vous dégénérerez mentalement et spirituellement si vous haïssez quelqu'un.

Bouddha disait : « Conquérez le mensonge par la vérité *(satya)*, l'avare par la générosité, la colère par le calme. »

La chose intelligente que vous devriez faire est de ne jamais vous mettre en colère, et soyez moral au milieu de l'immoralité et du mensonge. Si vous y arrivez, vous triompherez dans toute bataille.

Krishna dit dans la *Bhagavad Giitá* que l'on ne doit ni se décourager dans le chagrin ni s'enflammer dans la joie. Vous devriez toujours conserver votre équilibre mental.

Le renom d'Ánanda Márga est aujourd'hui en plein essor. Que devons-nous faire ? Nous devons conserver notre équilibre mental et rester indifférents aux louanges comme aux calomnies, à la joie comme au chagrin. Un jour une riche personne insulta Bouddha. Celui-ci resta imperturbable ; en refusant d'accepter l'insulte, il la renvoya. Lorsque j'étais en prison[1], j'ai été énormément calomnié par certaines personnes et ces mêmes personnes me louent maintenant. Mais j'étais indifférent à toutes leurs diffamations et maintenant je ne veux pas de leur adulation.

Patna, 27 août 1978

---

[1] L'auteur (également auteur d'une théorie socio-politique progressiste et moraliste qu'il a essayé de promouvoir) y a été sous des accusations qui se sont révélées sans fondement mais après presque sept ans et une tentative d'empoisonnement par les autorités de la prison, tentative à laquelle il a survécu et fait suivre d'un jeûne de protestation au petit lait de cinq ans. (ndt)

Les complications du mal agir

Faire ce qu'un être humain ne doit pas faire est un péché *(pápa)* et ne pas faire ce qu'un être humain devrait faire est un péché par omission *(pratyaváya)*. Le terme *pátaka* englobe les deux. Vous ne devez pas voler et si vous le faites, vous péchez. Vous devriez aider une personne sans ressources et si vous ne le faites pas, vous péchez par omission.

Mal agir semble bien tant que l'on ne subit pas la réaction de sa mauvaise action *(pápa)*. Avez-vous déjà vu un blanchisseur lavant son linge en Inde ? Il soulève très haut en l'air le linge qu'il lave et le linge pense qu'il s'élève et se sent transporté de joie. Il ne se rend pas compte que plus haut il s'élève, plus dure sera la chute sur la pierre du lavoir. Celui qui agit mal est comme ce linge qui pense qu'il a du bon temps et qu'il s'élève. Il prend du bon temps en agissant mal mais quand il subit les conséquences de ses mauvaises actions, il se retrouve dans les souffrances comme le linge qui est battu sur la pierre du lavoir.

Une bonne[1] personne est très prudente avant de faire quelque chose. Elle pense aux conséquences de son acte. Elle agit bien et continue à bien agir même si elle n'obtient pas immédiatement la bonne conséquence de sa bonne action. Elle ne refuse pas de souffrir dans l'attente des bonnes conséquences de ses bonnes actions. Et quand les consé-

---

[1] *(bhadra)*, *bhadra* signifie bon, intérieurement et extérieurement, et diffère de *svaccha*. *Svaccha* signifie pur ou clair, par exemple l'eau est *svaccha* (limpide).

quences de ses bonnes actions arrivent, c'est alors le bonheur, que du bonheur.

En agissant mal, on peut prendre du bon temps mais lorsqu'on récolte le fruit de ses mauvaises actions, il n'y a alors plus que de la souffrance. Une personne malhonnête voyage sans billet dans un compartiment de première classe. Elle souhaite escroquer les chemins de fer et prendre du bon temps. Mais une personne honnête achète un billet de deuxième classe et voyage peut-être dans de mauvaises conditions. La personne malhonnête a pris du bon temps, mais seulement momentanément. Les contrôleurs arrivent, la trouvent et l'arrêtent. Elle doit baisser la tête de honte. Pendant ce temps, l'honnête homme ou femme, bien que pauvre, atteint sa destination honorablement. Les gens malhonnêtes souffrent à la fin. Les personnes honnêtes vivent une existence sans tache et restent heureuses avec ce qu'elles ont. Les gens malhonnêtes acceptent des pots-de-vin et se livrent à diverses pratiques malhonnêtes. Ils ne payent pas leurs impôts et se bâtissent des palais. Mais le jour vient où les inspecteurs des impôts viennent chez eux faire un contrôle fiscal et les poursuivent pour évasion fiscale et recel de biens mal acquis. Ils finissent en prison.

Par conséquent, avant de faire la moindre mauvaise action, pensez à ses mauvaises conséquences, immédiates ou futures. En agissant bien, vous pouvez avoir à souffrir un peu mais le résultat sera toujours bienfaisant.

Faites le bien, mais ne soyez pas arrogant ou orgueilleux. L'arrogance et l'amour-propre mal placé peuvent détruire Ánanda Márga.

Patna, 28 août 1978

Soyez résolu

Sur l'octuple voie de la béatitude proposée par Bouddha, le premier point est *samyak samkalpa* : une juste résolution. Il ne peut y avoir de mouvement juste sans idée juste, sans juste destination. Pour qu'il y ait progrès, qu'il y ait un juste mouvement, la conception juste (de son but) et la détermination (à l'atteindre) sont nécessaires. Décider de son but avec la ferme résolution de l'atteindre, c'est cela le *samkalpa*.

Lorsque Bouddha s'assit tout d'abord en méditation, il n'avait pas arrêté son but. Il y avait en lui des doutes et de la confusion. Il n'était pas sûr de ce qu'il voulait. Quoi qu'il voulait, il n'était donc pas certain de l'obtenir. Mais par la suite, lorsque après avoir mangé le riz au lait que lui avait préparé Sujâtâ[1] Bouddha s'assit en contemplation, il prit une résolution *(samkalpa)* absolue. Il décida de son but et se détermina à l'atteindre absolument : il résolut de ne pas se lever de sa contemplation tant qu'il n'aurait pas atteint à la connaissance spirituelle, même si son corps devait en périr. Il réussit alors à atteindre son but.

C'est la force de sa résolution qui fait la grandeur d'une personne. Aussi modeste que soit une personne, elle peut s'élever par sa détermination. Si vous êtes fermement décidé à atteindre votre but, vous deviendrez grand. On ne parvient à rien sans solide résolution.

Patna, 29 août 1978

---

[1] Un moment important, retracé en tant que tel dans les annales du bouddhisme. (ndt)

Les larmes du bonheur suprême

Conduis-moi du changeant à l'immuable, de l'obscu-rité à la lumière, de la mort à l'immortalité, manifeste-toi en moi ![1]

Ô Rudra [Shiva], que de ta face aimable, tu me protè-ges constamment ![2]

Le sage *(rśi)* prie : *Conduis-moi du changeant à l'im-muable, de l'obscurité à la lumière, de la mort à l'immorta-lité.*

Avant de comprendre le sens de ce verset *(shloka)* ef-forçons-nous de bien comprendre le sens des mots qui le composent et à quoi ils renvoient : le premier couple de mots est changeant *(asat)*/immuable *(sat)*. On qualifie de changeant *(asat)* ce qui subit un processus de métamor-phose. Ce qui est changeant ne renferme pas le bonheur, nous ne voulons pas de ce monde changeant, il nous fait souffrir, il transforme notre joie en tristesse.

Le deuxième mot est obscurité *(tamas)*. Là où il y a obscurité, la spiritualité est occultée. C'est pourquoi celui qui prie implore qu'on le conduise du changeant à l'im-muable, des ténèbres à la lumière.

Par des changements, un bébé devient un vieillard. Nous appelons le dernier changement : « mort ». Ce qui est

---

[1] *Asato má sad gamaya tamaso má jyotir gamaya,*
Mrtyor mámrtaḿ gamaya ávir ávir mayaedhi.
(Confer la *Brhad Áraṅyaka Upaniśad, I,3,28*)

[2] *Rudra, yat te dakśiṅaḿ mukhaḿ tena máḿ pá hi nityam.*
(Shvetáshvatara Upaniśad IV, 21)

changeant connaît la mort. Le sage veut donc qu'on le conduise de la mort à l'immortalité.

L'*ávir-bháva* est un sentiment de présence propice *(ka-lyáńa)*[1]. Cette présence propice *(ávir-bháva)* se manifeste tout à coup, on pressent quelque chose de bienheureux. On dit alors : « Que ta présence se manifeste en moi. »

Rudra est celui qui fait verser des larmes. De même qu'on peut rire ou sourire, on peut pleurer à chaudes larmes ou en silence. Rudra est celui qui vous fait pleurer, aussi bien bruyamment que silencieusement.

Sadáshiva[2] se manifeste comme une entité propice *(ávir-bháva)*, lui le bienfaisant *(kalyáńakárii)*. On le dit à trois yeux[3] et cinq visages. Son visage complètement à gauche *(Váma Deva)* punit sans merci, puis vient Kálágni qui châtie *(tádana)*, Dakśineshvara qui prévient des conséquences et donne un zeste de punition, Kalyáńa Sundaram qui dit : « Mon brave, viens prendre ta place » et Iishána qui nous fait comprendre par de douces paroles et qui punit aussi.

À ce visage de Rudra sur la droite *(dakśina)*, nous disons : « Ô Shiva, protège-moi, toi qui es le Seigneur compatissant *(Dakśineshvara)* ! ». Même content, il nous fait pleurer, et dans le bonheur nos larmes coulent des côtés extérieurs de nos yeux, et dans le malheur du côté intérieur.

C'est ainsi qu'on attribue cinq visages à Shiva.

Patna, 30 août 1978

---

[1] *Ávir-bháva* est l'exact antonyme de *prádurbháva*. *Prádurbháva* – la venue d'une entité de mauvais augure *(akalyáńa)* – est le pressentiment de l'adversité *(akalyáńa)*.

[2] Shiva, autrement dit Rudra. (ndt)

[3] C'est-à-dire qu'il voit les trois temps : passé, présent et futur. (ndt)

Qu'est-ce qu'être pieux

La façon qu'ont les gens de réciter (leur prière ou leur *mantra*) *(japa)* est généralement sommaire. On peut dire que leur récitation ressemble au bavardage d'un perroquet. Les perroquets parlent, ils disent tant de choses sans en comprendre le sens, sans savoir ce qu'il y a derrière. Réciter (son *mantra* ou sa prière) *(japa)* sans amour, sans émotion est aussi dénué de sens que les paroles d'un perroquet. Cela en perd même sa valeur de suggestion psycho-intérieure.

Par la récitation du mantra *(japa)*, on arrête l'élan vers le monde extérieur de ses propensions, et l'on dirige leur force d'ensemble vers Dieu, Suprême Cognition. Si l'on n'a pas d'amour pour le Suprême, si on ne l'a pas choisi pour seul objet d'adoration, retenir ses propensions est sans inté-rêt puisqu'on ne les dirige pas vers lui.

La méditation spirituelle *(dhyána)* consiste à retirer ses élans mentaux dirigés vers l'extérieur ou tout objet associé à l'extérieur, à les rassembler, et à les rediriger vers Dieu. S'il n'y a pas d'amour de Dieu, ce mouvement ne peut se produire. Sans amour, la pensée ne va pas vers Dieu et la méditation perd son sens.

Le mot sanscrit pour méditation – *dhyána* – vient de la racine verbale *dhae* qui signifie rétracter ses élans mentaux et les diriger vers Dieu. Pratiquer cela sans amour de Dieu, ne permet pas d'atteindre quoi que ce soit. Il suffit cependant d'un iota d'Amour, d'un tout petit peu d'Amour pour tout atteindre. Seules ces personnes intelligentes qui savent cela – même si elles ne sont pas très compétentes dans le domaine spirituel *(dharma)*, même si elles ne sont pas très efficaces dans leur pratique récitative *(japa)*, même si elles ne connaissent rien au yoga, même si elles n'ont aucun savoir temporel ou spirituel, même si elles ne comprennent pas l'adoration du maître *(guru bhakti)*, même si elles ne comprennent pas le sens profond de leur récitation *(japa)*, même si elles n'ont pas la connaissance *(jiṇána)* – peuvent tout atteindre, si cet amour de Dieu n'est même que dans une phase rudimentaire.

Dans une phase plus tardive, cela devient : « J'aime Dieu non pour obtenir quelque chose, mais parce que l'aimer me rend heureux, pour rien d'autre. »

Au dernier stade, l'adorateur ressent : « Je l'aime, non pour mon plaisir mais parce que je veux lui faire plaisir par mon amour. » C'est purement unilatéral, non réciproque. Si l'attente de réciprocité est présente, ce n'est pas de la dévotion, c'est une transaction commerciale ordinaire : « Donne-moi de l'argent, reçois cet article. » Or ici le dévot veut tout donner à Dieu, il ne veut rien en retour : « Je t'aime, non pour moi-même, je t'aime car je veux te faire plaisir par mon Amour. » Dans la dernière phase, le seul vœu du dévot est donc de faire plaisir à Dieu. En sanscrit, la racine verbale *gup* signifie faire plaisir, et celui qui a développé ce type d'amour de Dieu est le *gopa*.

Gopayate yah sa gopah : le *gopa* est celui qui fait plaisir à Krishna.

Patna, 31 août 1978

L'amour de Dieu

Les traités mystiques – les *bhakti-shástra* – disent :
Bhaktir bhagavatah sevá, bhaktih prema-svarúpińii,
Bhaktir ánanda-rúpá ca, bhaktir bhaktasya jiivanam.
[L'adoration c'est servir le Seigneur. L'adoration est amour pur et produit le bonheur divin, l'adoration est la vie même de l'adorateur.]

Que signifie le terme « adoration » – *bhakti* – ? Le mot *bhakti* est formé à partir de la racine verbale *bhaj* suffixée par *ti (ktin)*. *Bhaj* signifie appeler avec adoration. C'est-à-dire que la *bhakti* – l'adoration –, c'est appeler le Seigneur avec la plus grande ferveur, le considérant comme tout de sa vie. Autrement dit, la *bhakti* c'est aller vers Dieu après avoir rétracté toute autre expression mentale.

Voyons ce qu'est un traité spirituel *(shástra)* :
Le traité spirituel est ce qui libère par sa discipline.[1]
Le *shástra* est ce qui régit, qui discipline en vue du salut, la libération totale. Les parents disciplinent leur enfant ; et s'ils le font seulement pour en avoir le contrôle, l'enfant le comprend dès qu'il a grandi et leur désobéit. Quand cette discipline et ce contrôle visent au salut, à la libération spirituelle, il s'agit d'un traité spirituel *(shástra)*.

Voyons maintenant qui est le Seigneur – *Bhagaván* –. Le mot *bhagaván* est formé de *bhaga* auquel on adjoint le suffixe d'appartenance *vant*[2]. *Bhagaván* [(le Seigneur)]

---

[1] *Shásanát tárayet yas tu sa shástrah parikiirtitah.*
[2] *« Bhaga* + [opérateur suffixal] *matup ».*

désigne ainsi celui qui possède les six qualités suivantes [réputées constitutives de *bhaga*] :

Les pouvoirs occultes – *aeshvarya*[1]. *Aeshvarya* se dit en anglais *occult power* [pouvoir occulte], c'est-à-dire acquis par le culte[2]. Au nombre de huit, ce sont : *aṅimá, mahimá, laghimá, prápti, prakámya, vashitva, iishvaratva* et *antaryámitva*.

L'énergie – *pratápa* – c'est-à-dire que le Seigneur s'établit par sa propre vigueur. Ceux qui ne sont pas moraux *(adhármika)* le craignent pour cela tandis que ceux qui sont moraux trouvent en lui une suprême protection.

Le renom – *yasha*. L'avènement du Seigneur entraîne l'apparition simultanée d'un côté de ses fervents partisans, de l'autre de ses ennemis jurés. La société humaine tout entière se divise clairement en deux camps : les personnes morales d'un côté et les immorales, les mauvais éléments, de l'autre. Chacun doit rejoindre l'un des camps, une complète polarisation s'installe. Si l'un est le pôle nord, l'autre est le pôle sud. Le Seigneur est couronné de gloire et de succès, et en même temps fait face à la critique acharnée et à l'infamie.

C'est arrivé à Shiva comme à Krishna. À leur époque aussi toute la société se divisa en deux camps : les justes et les injustes. Rappelez-vous toujours que les justes *(dhármika)* sont sûrs de finir vainqueurs.

Le charme – *shrii*. *Shrii* signifie charme, le doux ressenti de l'attirance. Ce mot se forme à partir de *sha, ra* et *ii*. *Sha* est la racine acoustique de la force mutatrice, *ra* la ra-

---

[1] Littéralement « à ou de Iishvara », c'est-à-dire divin. (ndt)
[2] En sanscrit, on appelle aussi les pouvoirs occultes *vibhúti* ; *vibhúti* a également le sens de « cendre ».

cine acoustique de la faculté d'action, et *ii* marque le genre féminin. C'est pourquoi *shrii* signifie : « qui possède la capacité de mise en action de la force mutatrice. »

La Connaissance – *jiṇána.* Il s'agit de la connaissance intérieure. La connaissance de sa propre âme est la vraie connaissance. Toute autre forme de connaissance n'est pas la connaissance mais seulement une ombre de la connaissance. Il y a un manque de vraie connaissance. On ne peut acquérir cette connaissance de soi en lisant des livres, on ne peut l'acquérir qu'en immergeant tous ses désirs dans le Seigneur, car il est la connaissance, incarnée, personnifiée.

Le détachement – *vaerágya.* Ce mot sanscrit est dérivé – comme *raiṇjana* qui signifie qui colore, qui colore la pensée[1] – de la racine verbale *raiṇj* [préfixée par *vi*, privatif]. Chaque objet est vibratoire et a sa propre couleur. C'est la couleur d'un objet qui nous attire à lui. Ainsi, vous ne devriez pas vous laisser attirer par la couleur des objets.

Nous disions donc :

*L'adoration c'est servir le Seigneur (Bhagaván).*s, a

Bhagaván signifie ici « celui ayant *bhaga* » c'est-à-dire qui incarne les six qualités mentionnées ci-dessus : *L'adoration (bhakti), c'est servir Bhagaván.*

L'adoration est pur amour. s, a

Le seul désir de l'adorateur est de faire plaisir au Seigneur. s,a

*L'adoration est la vie de l'adorateur.*s, a

---

[1] C'est ainsi que *prabháta-raiṇjana* [Prabhat Ranjan] signifie « qui colore l'aurore ».

Tout comme un poisson ne peut vivre sans eau, les dévots ne peuvent vivre sans aimer Dieu. L'adoration est l'essence, la source même de la vie.

Qu'y a-t-il de plus précieux dans la vie humaine ? L'amour de Dieu. Si l'on a cet amour, on a tout et il n'y a rien que l'on n'ait obtenu. Celui qui aime Dieu doit servir le Seigneur.

Mais qu'est-ce que le vrai service ? C'est servir sa Création. C'est une expérience courante de remarquer que quand on rend service à leurs enfants les parents sont contents. De même, la façon la plus simple et la plus facile de me faire plaisir est de servir l'humanité. Oubliez tout ce que vous étiez ou avez fait dans le passé, et à partir de ce moment propice, consacrez-vous au service de l'humanité.

Patna, 1ᵉʳ septembre 1978

Le verset du Père *(Savitr-Rk)*

Le juste esprit de la prière védique :

Conduis-moi du non-être à l'être[1], de l'obscurité à la lumière, de la mort à l'immortalité, manifeste-toi en moi ![2] est de demander [à Dieu], au Soi suprême de diriger sa pensée, autrement dit de la guider vers le Suprême Bien, qu'elle soit bien guidée. Lorsque ses pensées sont purifiées, tout l'est. L'on ne doit donc demander qu'une seule chose à Dieu : « Ôte les impuretés de mon esprit, délivre ma pensée du mal ! »

J'ai déjà dit que l'on demandait la même chose dans la prière *gáyatrii* que l'on appelle [d'ailleurs] ainsi à tort. Son vrai nom est *Savitr-rk* (la strophe du Père).

Le *RigVéda*, plus ancien texte au monde, se divise en plusieurs livres appelés *maṅḍala*. Chaque *maṅḍala* se divise en hymnes dits *súkta*, et chaque *súkta* est divisé en strophes (ou versets) dites *rk*. C'est pourquoi on appelle ce Véda, le *Rig* [*Rk*] *Véda*.

Cette prière *(mantra)* communément appelée *gáyatrii* en est la 10e strophe du 62e hymne du 3e livre. Dans le *Rig Véda*, on désigne la strophe par le nom utilisé dans celle-ci pour s'adresser à Dieu. Dans cette strophe, on s'adresse à Dieu par le mot *Savitá*[3], Père. C'est pourquoi on l'appelle le *Savitr-* ou *Savitá-rk* : le verset *(rk)* qui s'adresse à Dieu comme Père.

---

[1] Ou « du mutable/changeant à l'immuable ». (ndt)
[2] *Asato má sad gamaya tamaso má jyotir gamaya, mrtyor mámrtaṁ gamaya ávir ávir mayaedhi.* [Cf. la *Brhad Áraṅyaka Upaniśad, I,3,28*]
[3] *Savitá* est le nominatif de *savitr*. (ndt)

À l'époque des Védas, les gens ne savaient pas écrire, on ne connaissait pas l'écriture. Le maître *(guru)* parlait et les disciples écoutaient. En sanscrit, « ce qui a été entendu » se dit : *shruti*. C'est pourquoi l'on appelle aussi les Védas *Shruti*. Les disciples ne lisaient pas parce qu'il n'y avait pas d'écrits.

[Sachez que] la langue sanscrite n'a pas d'alphabet propre. Depuis toujours, on l'a écrite dans les différents alphabets locaux.

Ce verset du Père *(Savitr-rk)* donc dit :
Oṃ́, bhúr bhuvah svar, Oṃm, Tat savitur vareńyam,
Bhargo devasya dhiimahi, Dhiyo yo nah pracodayát, Oṃm
[Ce qui est à désirer du Père des trois mondes est que nous placions notre attention sur sa Splendeur divine, qu'elle dirige nos pensées.]

Ce verset est composé selon un rythme, une structure de vers [ou mètre], particulier appelé *gáyatrii*. On reconnaît sept mètres dans les Védas : *gáyatrii, uśńik, triśtup, anuśtup, brhati, jagatii* et *pauṇkti*. Le mètre *gáyatrii* est composé de trois vers de huit pieds. On qualifie le prophète *(rśi)* ayant composé le *mantra* de « sage du *mantra* » et le rythme/mètre du *mantra* de « chant du *mantra* ».

Voici le *mantra* originel, la première partie étant un ajout plus tardif qui vient de l'*Atharva Véda* et ne fait pas partie du *mantra* originel. Les trois vers sont :

Premier vers : *Tat savitur vareńyam,*

Deuxième vers : *Bhargo devasya dhiimahi,*

Troisième vers : *Dhiyo yo nah pracodayát.*

Oṃm

Chaque vers doit avoir huit pieds. Pourtant, le premier vers n'en a que sept, alors que la règle veut qu'il en ait huit. Lorsqu'un conflit apparaît entre la grammaire et le rythme, le système védique veut qu'on se range du côté du rythme, même aux dépens de la grammaire. Ici, pour préserver le rythme, la bonne prononciation doit être : *tat savitur vareṅyam*. On a scindé [*nyam*] en deux parties : [*ni-yam*].

Quelle est la requête de cette prière ? « Ô Seigneur, guide mon esprit, mes pensées vers le Bien suprême. » Telle est l'idée principale, centrale, de cette prière.

Oṇṁ bhúr bhuvah svar oṇṁ,
Tat savitur vareṅyam,...
[Oṇm, le physique, le psychique et l'astral[1], Oṇm,
Ce qui est à désirer du Créateur...]

La prière commence par *Oṇm*. Qu'est-ce que *Oṇm* ? Dès qu'il y a une expression, dès que vous faites quelque chose, il y a une expression sonique. Si vous marchez, bougez, le son *khat-khat* apparaît et il y a ainsi une expression sonore. Si vous riez, le son ha-ha-ha naît. Dès qu'il y a action, qu'une action s'exprime, il y a nécessairement une manifestation acoustique.

Dieu crée. Créer est une action. Lors de la création, Dieu crée mentalement. Il ne crée rien extérieurement mais tout intérieurement car rien n'est extérieur pour lui, tout est intérieur. Ce monde matériel – formé des cinq éléments – est pour nous quelque chose d'extérieur mais pour Dieu, c'est un phénomène purement intérieur. Non pas des phé-

---

[1] Ou : la Terre, l'Air, le Ciel. (ndt)

nomènes, mais un phénomène car c'est pour lui une seule et même expression dont le son est « a-a-a-a-a ».

Ce « a » est la première lettre de l'alphabet tantrique. La première lettre est *« a »*, le son **« a »**.

Puis, une fois qu'il y a eu expression, vous devez préserver, alimenter, entretenir cette expression. L'action de préserver quelque chose s'exprime par *« u »*, le son est **« ou »**. C'est l'expression acoustique du fait de conserver et d'entretenir. Ainsi le son est « ou ».

Après avoir créé quelque chose mentalement, que faites-vous pour terminer ? Vous rétractez ces expressions, ces scènes mentales en vous-même, et c'est la consonne **« m »** qui représente ce processus de retrait suprême qu'effectue Dieu *(Parama Puruśa)*.

Le son *A-U-M* représente ainsi la création, l'entretien et la destruction. C'est pourquoi cette prière *(mantra)* commence avec le son *a-u-m* : om. En tant que Créateur, Générateur, Dieu engendre le son « a », en tant qu'Opérateur le son « ou », et en tant que Destructeur le son « m »[1].

Ces manifestations [de Dieu] se produisent sur sept plans, sept niveaux. On peut grossièrement les classifier en trois niveaux qui sont les mondes physique, psychique et astral. Le Divin Créateur est le créateur des trois mondes, physique, psychique et astral. Et qu'en est-il du corps humain ? Il en est le créateur. Et du cerveau humain ? Il en est le créateur ; il est donc *Savitá*, *savitá* signifie créateur, père. Pour cette petite planète terre, le soleil est *savitá*, il est le

---

[1] Générateur, Opérateur, Destructeur : G.O.D. : *« God »* [Dieu, en anglais].

père. Pour tous ces systèmes planétaires, toutes ces étoiles et leurs systèmes planétaires, Dieu est le Créateur. Cette Source cosmique est le Père, le père suprême.

Nous méditons sur la divine splendeur de ce Suprême Père universel qui a créé ces mondes physique, psychique et astral. Pourquoi méditons-nous sur sa lumière divine ? Pour qu'elle puisse guider notre esprit sur la voie de la Béatitude.

Ainsi, avant d'avoir reçu l'initiation [au culte spirituel] on peut demander au Père suprême : « Ô Seigneur, guide mon esprit sur la voie du Suprême Bien que je puisse faire quelque chose dans cet univers. » Puis, lorsqu'on reçoit son *mantra* personnel *(ista mantra)*, qu'on reçoit l'initiation, l'on doit alors suivre les instructions. L'on n'a pas besoin de prier pour quelque chose d'autre puisqu'on a reçu l'initiation.

C'est de Dieu que toute entité rayonne,
De lui, qui crée et recrée sa progéniture, que tout vient,
À lui que tout retourne.

Pourquoi méditons-nous sur lui ? Pour qu'il puisse nous guider sur le droit chemin.

Patna, 2 septembre 1978

Le But suprême

Toutes les manifestations de ce monde sont vibratoires. La réalité fondamentale est vibratoire. C'est vrai au niveau matériel comme aux niveaux mentaux (ectoplasmiques[1]) et supra-mentaux.

L'être vivant perçoit ces manifestations vibratoires par diverses cellules et organes sensoriels. La plus importante de ses expériences sensorielles est la visuelle qui s'acquiert par les nerfs et le cortex optiques, la couleur en étant un élément très important. Le blanc représente la conscience, le rouge l'action, le noir l'inertie. Il y a sept couleurs déterminantes, et le processus de permutation et de combinaison qui forme le grand nombre de couleurs n'est pas infini. S'il était infini, la manifestation de cet univers serait alors aussi nécessairement infinie. Or cette manifestation est grande mais non infinie.

L'entité une peut, par les différentes expressions de sa force opératrice *(Prakrti)*, les diverses, disons, tactiques que celle-ci met en œuvre, émaner d'innombrables vibrations/ d'innombrables couleurs. C'est pourquoi l'on dit que si Dieu est lui-même sans couleur, sa création a d'innombrables couleurs. C'est un univers coloré dont les si nombreuses couleurs exercent leur séduction sur les êtres vivants.

Le blanc n'est pas une couleur mais la combinaison de toutes les couleurs. Le noir, lui, n'est pas une couleur du tout, c'est une absence de couleur.

---

[1] Ectoplasmique désigne la *citta* (pour une explication de la *citta*, voir *La Philosophie de l'Ánanda Márga, une récapitulation vol. 1,* ou *Sublime Spiritualité, la philosophie mystique du yoga*, de l'auteur). (ndt)

S'aidant des diverses expressions de sa force opératrice, la cause nouménale reste une tandis que les manifestations phénoménales se multiplient. Le monde nouménal est par nature singulier, un, alors que le monde des phénomènes a une nature plurielle, multiple.

Pourquoi [Dieu, la cause nouménale] crée-t-il cet univers aux si nombreuses couleurs, à la si grande diversité ? Pourquoi ? dans quel but ?

Varńán an-ekán nihitártha... [*...le but caché des multiples couleurs...*[1]]

Le but, l'intention, Dieu seul la connaît. Celui qui s'approche tout près de lui, celui qui a une intime relation d'Amour avec lui, peut comprendre l'intention cachée. Le théologien *(jińánii)* ne peut pas la connaître, seul l'adorateur le peut. Sa proximité avec Dieu lui permet d'en apprendre intérieurement le secret.

Lorsqu'on se dirige vers le point d'émanation, le point d'où émane toute vibration, on découvre que ce point où tout commence est Dieu et que c'est la pulsation vibratoire qui émane de lui qui nous fait avancer. On s'aperçoit que le point où s'achèvent ces vibrations aussi est cet Être suprême *(Parama Puruśa)*. Le commencement est cet Être suprême et le point terminal est aussi cette même Entité. Alors, à cet Être *(Puruśa)* qui est le point de départ et la fin à laquelle on aspire, je dis qu'il devrait attacher nos pensées, notre fonctionnement mental à l'idée du bien *(shubha)*. Voilà quelle doit être la seule prière de chaque être vivant.

Patna, le 3 septembre 1978

[1.] Voir le verset complet p. 1 (chap. 1). (ndt)

L'Entité une

Car Dieu (Rudra) est une entité unique, sans alter ego, il dirige ces mondes de ses forces régisseuses.

Après avoir créé tous ces mondes et créatures qu'il ramène en lui à la fin des temps, il se tient derrière ses créatures, protecteur. [1]

(Shvetáshvatara Upaniśad)

La question se pose : Dieu, faculté suprême est-il de nature singulière ou plurielle ? La question de la pluralité de l'autorité suprême est épineuse. Le sage *(rśi)* énonce l'importante loi : la faculté, l'autorité suprême est de nature singulière. Il ne peut y avoir de pluralité en elle. C'est-à-dire que sa nature est singulière et qu'elle le restera à jamais.

Vous vous rappelez sans doute que je vous ai dit que la vraie signification du terme *rudra* est : « qui vous fait pleurer. » Je vous ai aussi fait remarquer que l'on ne verse pas de larmes seulement quand on se lamente. Lorsqu'on pleure de chagrin, les larmes coulent le long du nez, mais quand on pleure de joie, elles sortent des yeux du côté des tempes. Les larmes que vous versez dans l'épreuve viennent de Dieu et celles que vous versez dans la joie viennent aussi de lui, *Rudra.* Tout ce qui vient de ce monde, les si nombreuses actions et réactions qui s'y produisent, nous font verser des larmes. Ce monde aux diverses manifestations est une

---

[1] *Eko hi Rudro na dvitiiyáya tasthur ya imáṇl lokán iishata iishanii-bhih. Pratyauṇ janáṁs tiśṭhate saṁcukopánta-kále saṁsrjya vishvá bhuvanáni gopáh. (III,2)* [*Saṁcukopa* a ici valeur de *saṁcukoca* (il absorbe). (ndt)]

création de Dieu qui est donc *Rudra* : « celui qui nous fait verser des larmes ». S'il y avait plus d'un Rudra, l'harmonie de ce monde se perdrait. Il ne peut donc pas y avoir plus d'un Rudra, c'est pourquoi j'ai cité : *lui qui est sans alter ego* : [Il] ne peut avoir de partenaire ou de concurrent.

Rudra, l'Être suprême, commande cet univers. « *Iish* » signifie commander, et cet Être suprême commande l'univers grâce à sa Force opératrice. C'est pourquoi nous avons dit dans *Ánanda Sútram* : *Cette Force agissante est celle de l'Esprit$_{s,\,a}$.*

En effet, ce n'est pas l'Esprit, faculté cognitive, qui appartient à la force opératrice, mais la force opératrice qui appartient à l'Esprit. Sans cognition, il ne peut pas y avoir de force opératrice, tandis que l'absence de force agissante n'empêche pas l'existence de la faculté cognitive. Dieu, faculté cognitive suprême dirige cet univers grâce à ses innombrables forces opérantes. Tout vient de lui, demeure en lui et retourne en lui. Il crée, maintient et détruit.

Vous savez, à vrai dire il n'y aura pas de fin des temps/ de total anéantissement ou de mort thermique de l'univers. Il peut toutefois y avoir une mort thermique d'une partie de l'univers ou d'une partie d'un système planétaire. Il y en a eu de très nombreuses, et il y aura encore beaucoup d'autres, mais toujours dans un lieu délimité de l'univers. L'univers comme un tout ne cessera jamais d'exister, il perdurera. L'on ne doit donc pas craindre la fin du monde. Cette petite planète terre mourra peut-être mais l'univers tout entier ne mourra pas. Avant la mort de cette terre, nous ou nos descendants pourrons la quitter et aller sur une autre planète de ce système solaire ou d'un autre système solaire.

Il est tout à fait possible, tout à fait probable, que cela se passe ainsi.

Quand une destruction complète se produit dans une partie de l'univers, Dieu demeure là aussi ; personne n'est donc jamais sans aide ni sans espoir. Dieu reste en relation avec la création tout entière. On appelle cette grâce divine « le grand lien » *(prota)*.

Quant au rapport personnel que Dieu maintient avec chaque entité, il s'agit du lien personnel *(ota)*. Dieu est lié à l'univers par une relation globale, mais aussi par des relations individuelles. On appelle le rapport qu'il entretient avec chaque individu, le lien personnel *(ota-yoga)*, et sa relation collective, le lien global *(prota-yoga)*. C'est pourquoi nous disons [dans *Ánanda Sútram*] : *Le Très-haut est doté de rapports personnels et d'un rapport global.*[1]

...Il se tient derrière ses créatures qu'il ramène en lui à la fin des temps,[2] autrement dit l'anéantissement total. Dieu est avec chacun, alors ne craignez rien.

Protecteur, après avoir créé tous ces mondes et créatures,[3] Après avoir créé cet univers qu'a-t-il fait ? *Protecteur, (après avoir créé) ces mondes et créatures...,*[4] il s'est caché, il s'est caché derrière sa création. Il ne demeure pas au premier plan. Il se tient juste derrière sa création. Pour le trouver, nous devons donc chercher à travers elle. Il n'y a pas d'autre moyen. Le trouver nécessite de faire un certain

---

[1] *Ota-prota-yogábhyám samyuktah purusottamah. (2-10)*
[2] *Pratyaun janáms tisthate samcukopánta-kále.*
[3] *Samsrjya vishvá bhuvanáni gopáh.*
[4] *...bhuvanáni gopáh.*

effort et cet effort particulier est ce qu'on appelle la pratique spirituelle *(sádhaná)*.

L'on doit donc trouver Dieu, et cela par une approche subjective au cours de notre adaptation à ce monde objectif. Telle est la tâche principale de chaque être humain.

Patna, le 4 septembre 1978

Le Dieu des dieux

Ce Dieu est dans absolument toutes les directions, il est ce qui est déjà né et ce qui est à naître ; c'est lui vraiment qui est né et naîtra. Il se tient derrière ses créatures, partout présent.[1]

(cf. Shvetáshvatara Up.)

Dieu est cette entité, cette divinité *(deva)* qui opère partout dans cet univers.

Que signifie le mot *deva* ? *Deva* désigne :

Celui qui éclaire, anime, émane, rayonne au ciel, toutes les divinités le célèbrent, le reconnaissant pour Dieu (deva).[2]

On appelle les manifestations vibratoires qui émanent de la Source suprême *devatá* [divinités] et ces *devatá* appellent cette Source suprême, *Deva*. On s'adresse à cette Source suprême par le mot *Deva* (Dieu).

Dieu anime cet univers par ses facultés, le fait danser dans son combat contre la mort *(tánḍava)*, pour finir par ramener toute chose en son sein à l'aide de ses facultés occultes et supra-occultes. Voilà ce qu'est Dieu *(Deva)*, et ces rayons, ce rayonnement qui émane de la S ource sont « les divinités/les anges » *(devatá)*. Dieu est adoré par les divinités/les anges. On appelle aussi ce Dieu suprême *Mahádeva* (« Dieu des dieux »).

---

[1] *Eśa ha devah pradisho 'nu sarváh, Púrvo ha játah sa u garbhe antah ; Sa eva játah sa janiśyamánah, Pratyaun janáṁs tiśṭhati vishvato-mukham.* (cf. Shvetáshvatara Up. II, 16).

[2] *Dyotate kriidate yasmád udyate dyotate divi, Tasmád deva iti proktah stúyate sarva-devataeh.* [Yâjñavalkya, fameux sage *(maharśi)* védique.]

Tu es le Suprême Commandant (Iishvara) en chef de tous les commandants et la Divinité suprême de toutes les divinités, le Souverain des souverains, le Suprême Je. Que nous te connaissions ô Dieu, Seigneur de l'univers, l'Adorable ![1]

(cf. *Shvetáshvatara Up.*)

Iishvara signifie dirigeant, commandant, maître. Il peut y avoir tant de [petits] maîtres dans un pays et même dans un village – le patron des commerces, le commandant de la gendarmerie, l'inspecteur des produits agricoles, etc. Il peut y avoir de nombreux « commandants ». Ce sont tous des *iishvarás*.

Au cours de la période moghole, on appelait les empereurs *dilliishvarás* (les « maîtres de Delhi »). Ces empereurs moghols en venaient parfois à oublier ou plutôt à ne plus voir la différence entre maître de Delhi *(dilliishvara)* et maître du monde *(jagadiishvara)*. Ils se prenaient à penser être les maîtres du monde.

Parmi ces si nombreux maîtres ou commandants *(iishvarás)*, grands et petits, se trouve le Maître des maîtres/le « Commandant en chef » *(Maheshvara)*.

Tu es la Divinité suprême de toutes les divinités. Cette Divinité suprême, c'est Dieu *(Deva* ou *Mahádeva)*.

(Tu es) le Souverain (Pati[2]) des souverains, le Je/Sujet suprême. Que nous te connaissions ô Dieu, l'adorable,

---

[1] *Tvam iishvaráṅám paramaṁ Mahesvaram, Tvaṁ devatánáṁ paramaṁ ca Daevatam ; Patih patiinám paramaṁ parastád, Vidáma devaṁ bhuvanesham iidyam.* (cf. *Shvetáshvatara Up. v. VI, 7*)

[2] En prâkrit *pati* devient *ai. Deshapati* par exemple devient *deśai (desha + ai = desháí* ou *desái). Dalapati* devient *daloi (dala + ai = daloi* ou *dalui)* et *bahaniipati* devient *bahanoi (bahanii + ai = bahanoi).*

Seigneur de l'univers !ₛ

Ainsi, Tu es *le souverain des souverains*, le roi des rois.

[*Le Sujet suprême.*] Que quelque chose s'actionne, qu'une action se produise, et on a à la fois un sujet et un objet. Quand l'objet est cet univers, le sujet est le Je divin. Si l'objet est maintenant ce Je divin, c'est l'Esprit, Conscience suprême le sujet. Quand on regarde quelque chose, notre faculté visuelle est le sujet qui observe la chose en question. Puis notre faculté visuelle [en action] devient l'objet de notre je ; notre je devient ensuite l'objet et notre âme le sujet, et finalement notre âme étant l'objet, Dieu/ Âme suprême *(Paramátman)* devient le sujet. C'est ainsi que Dieu est le *Sujet suprême* – le sujet *(para)* de tous les sujets –, souverain à la fois des « objets » et des sujets *(aparesha* et *paresha¹)*.

Connaissons Dieu, l'adorable, Seigneur de l'univers !ₛ

C'est Dieu *(Deva)* qui émane de son Corps infini tous ces rayonnements, tous ces faisceaux de vibrations. On se doit de le connaître. Il est cette Divinité respectée, vénérée et adorée dans l'univers. De toute manifestation vibratoire on ne peut connaître qu'une partie microcosmique, qui seule entre dans le champ accessible à la connaissance humaine, on ne peut pas plus : *Je ne connais pas ta réalité...* *(Tava tattvaṁ na jánámi...)*.

Tu es le Roi des rois. Le roi des rois, *emperor* en anglais, en sanscrit *saṁrát.*

Dieu est le *Sujet suprême*, le je de tous les je. Si vous devez connaître quelqu'un, connaissez-le lui. On peut se

---

¹ L'objet est « *apara* » et le sujet « *para* » [*paresha = para + iisha*].

demander : « Si je suis son objet, comment puis-je en faire mon objet ? » Quand on médite sur Dieu, on le choisit pour objet. Or tout est son objet, comment alors peut-on en faire son objet ? C'est une question difficile en effet mais la réponse est très simple. Lorsque vous méditez sur Dieu, il ne devient pas votre objet. À ce moment-là, vous devez penser que le Suprême Sujet vous voit. Il vous voit comme son objet.

Je vous disais [en tête de chapitre] : ***Ce Dieu suprême opère dans toutes les directions.***

[Le sanscrit] parle de dix directions : les quatre points cardinaux – nord, est, sud, ouest[1] – forment avec le haut et le bas six point cardinaux, les *pradish*, qui avec les points collatéraux *(anudish)* : nord-est, sud-est, sud-ouest, nord-ouest composent les dix directions [autrement dit, toutes les directions].

Dieu, cette Entité une, fonctionne dans toutes les directions, il n'en néglige, ignore aucune. Personne de présent dans ces « dix directions » ne peut se soustraire à son regard. Même si après une mauvaise action on tente de se cacher dans les airs, sous les eaux ou dans les grottes des montagnes, on ne peut trouver le moindre endroit de cet univers où se dissimuler. Cet Être suprême voit tout.

(Il est) ce qui est déjà né et ce qui est à naître *(Púrvo ha játah sa u garbhe antah).* Ce Dieu suprême se manifeste sous de si nombreuses formes microcosmiques qui sont ses objets. Chaque reflet que lui renvoient ces microcosmes est

---

[1] [En anglais] *north, east, west, south* ; ce que vous en recevez, ce que vous en recueillez sont des **n.e.w.s.** des *news* [des « nouvelles » en anglais].

l'âme d'un être individuel *(jiivátmá)* qu'il contemple en tant que son propre reflet. Voilà pourquoi on l'appelle l'Âme qui se réfléchit/qui est derrière *(Pratyag-átmá)*.

Ce qui est né dans le passé et ce qui est à venir. Il s'est manifesté de cette façon, le fait de même dans le présent et le fera de même dans l'avenir. *Il est ce qui est né et ce qui est à naître...* Tout ce qui est dans ce monde, tout ce qui est apparu ici, tout ce qui est en cours de manifestation, tout ce qui peut apparaître et tout ce qui apparaîtra, tout cela forme les manifestations microcosmiques de Dieu. Tout ce qui existe est un reflet du Père cosmique, tout ce qui fut a été un reflet du Père cosmique, et il en sera de même pour ce qui est encore en cours d'avènement.

Il se tient derrière ses créatures, partout présent *(Pratyaun janáms tiśṭhati vishvato-mukham)*. Autrement dit son visage est partout *(sarvato-mukha)*, c'est une entité multiface : où que vous alliez ou d'où que vous vous efforciez de le voir, vous êtes face à lui. Vous ne pouvez éviter d'être face à lui, vous n'existez pas hors de sa présence. Il est celui dont le visage/la tête est partout/celui partout présent *(sarvato-mukhii)*.

Cet Être *(Puruśa)* a d'innombrables têtes *(sahasra-shiirśa)*. Vous n'avez qu'une tête aux capacités et facultés limitées mais lui est infini : ses têtes sont innombrables et ses capacités sans limites.

Patna, le 5 septembre 1978

La splendeur du Verbe divin

Sarve vedá yat padam ámananti, Tapámsi sarváńi ca yad vadanti ; Yad icchanto brahmacaryaiṇ caranti, Tat te padaṁ saṁgraheńa braviimy Om ity etat.
[L'état que tous les Védas présentent, que toutes les austérités appellent, en vue duquel le pratiquant a une vie sainte, je te le dis en un mot, c'est : « Om ».

(Kaṭha Upaniśad 2.15)]

On parle ici de la splendeur du [Verbe divin – *Om* – aussi appelé] *Prańava*. *Pra-ńav-a* : c'est ainsi que l'on nomme l'entité qui nous aide à nous diriger vers notre but, qui est la Source de cet univers. Le *prańava* est un mouvement.

Sarve vedáh[1] signifie « tous les *vedas* ». Que signifie *Sarve* ? *Sarve* est le pluriel de *sarva*[2]. *Sarva* signifie « tout/toute chose », et comprend trois phonèmes/lettres : *sa, ra* et *va*.

Sa représente le principe conscient. Le mot *sarva* [(tout)] commence par *sa* car quand le premier élan créateur émane de l'Esprit, il manifeste sans aucun doute le principe conscient. « *Sa* » est ainsi la première lettre.

Puis vient « *ra* ». Il faut du mouvement en tout ce qui est créé, du mouvement donc mais pas seulement, une vitesse aussi. La vitesse comme le mouvement provient de l'énergie. Sans énergie, il ne peut y avoir la moindre vitesse/le moindre mouvement. « *Ra* » est la racine acousti-

---

[1] *Sarve vedá* dans le verset, selon les règles de liaison du sanscrit. (ndt)
[2] *« Sarvah, sarvao, sarve »* [*sarva* décliné au (nominatif) singulier, duel et pluriel].

que de l'énergie. C'est pourquoi *« ra »* est la deuxième lettre.

Quant à *« va »*, c'est la troisième et dernière lettre. Le son *« va »* est la racine acoustique des caractéristiques, des propriétés. Chaque entité, chaque créature de ce monde a ses propres caractéristiques subtiles. Ce sont ses propriétés, ses qualités naturelles *(sva-bháva)*. Aucune entité de ce monde n'en est dépourvue. Pour les propriétés, les caractéristiques, la racine acoustique est *« va »*.

Tout ce qui existe dans ce monde provient du principe conscient de l'Esprit. Voilà pourquoi le point de départ est *« sa »*. Toute chose se meut à l'aide d'énergie, *« ra »* apparaît donc. Puis, toute chose a des caractéristiques, *« va »* est ainsi là. *« Sa »*, *« ra »* et *« va »* ces trois sons sont présents dans toute manifestation, voilà pourquoi *sarva* signifie toute chose. Rien n'existe hors du champ de *sa-r(a)-va*.

Dans les *Védas*, la racine verbale *vid* signifie « connaître. Le mot *« veda »* signifie ainsi « connaissance ». *Sarve vedáh* veut donc dire « toute la connaissance ». Connaissance désigne ici la connaissance spirituelle, supra-psychique. Les savoirs physiques et psychiques ne sont pas de vraies connaissances au sens propre du terme *veda* parce qu'ils varient selon les circonstances. Ils ne sont pas absolus. « Berlin est la capitale de l'Allemagne » « Non, c'est Bonn la capitale de l'Allemagne ». Les deux sont justes, à un écart temporel, un écart dans le temps, près.

Tapah[1] (la pénitence) c'est supporter des peines, des difficultés, des situations éprouvantes, des souffrances pour réussir à atteindre son but. C'est ce qu'on appelle l'austérité

---

[1] Dans le verset, *tapámsi* (les austérités), pluriel de *tapah*. (ndt)

pieuse *(tapasyá)*. Pourquoi ces sages *(munis, ŕsis)*, ces pratiquants spirituels qui supportent ces austérités, qui s'infli-
gent ces pénitences pour atteindre leur But suprême suppor-
tent-ils ces difficultés ? Pour connaître cette Entité suprême,
[Om, le Verbe, Dieu].

« *Icchant* » signifie « désirant le spirituel ». Ceux qui
souhaitent s'établir dans les domaines supra-psychiques
sont « *icchant* » : ce sont des aspirants spirituels, des personnes qui désirent Dieu, qui l'ont choisi lui comme leur
seule contre-partie « sujet » dans le royaume physique.

Je vous disais hier que Dieu est le Sujet suprême et le
reste ses objets, que Dieu ne peut donc pas être votre objet.
C'est philosophiquement et psychologiquement vrai. Pourtant, que faites-vous durant votre méditation ? et que de-
vriez-vous faire ? Dieu ne peut pas être votre objet puisqu'il
est, Suprême Sujet, le sujet de toute chose. Il vous voit car
c'est lui le sujet et vous l'objet. Or, si vous pensez à lui, il
devient l'objet de votre pensée. Comment peut-il être votre
objet ? C'est une impossibilité. Pour résoudre cela, tandis
que vous méditez à l'aide de votre incantation, vous devez
penser qu'il vous voit. Voilà le secret.

Ils pratiquent la vie sainte (Brahmacaryaḿ caranti).
Qu'est-ce que la vie sainte *(brahma-caryam)* ?
Il y a en sanscrit de nombreux verbes de mouvement.
L'un deux est *calati*. *Calati* est un terme général qui signifie
bouger, marcher, aller. Un autre terme est *carati* [dont dé-
rive *caryam*]. *Carati* signifie se mouvoir en se nourrissant.
Vous bougez et en même temps vous mangez – comme une
vache [*go-caryá*], *carati* parce qu'elle mange également.

Lorsque vous longez une route en mangeant des arachides[1], vous aussi vous « *carati* » puisque vous bougez en mangeant. Quand vous mangez en vous déplaçant, vous faites là comme les vaches. Puis vient *atati*. *Atati* aussi est un verbe de mouvement mais ici tout en se déplaçant on apprend quelque chose. *Atati* signifie donc bouger en apprenant. Ce n'est pas un déplacement ordinaire comme *carati*. Vient ensuite *vrajati* : se mouvoir en jouissant de quelque chose. Se mouvoir dans la joie, dans la félicité, c'est *vrajati*. Aller vers Dieu, c'est *vrajati*. On retire du plaisir de son mouvement. Voyez, il y a de nombreux verbes [de mouvement].

Brahma-caryam [(la vie sainte)], c'est-à-dire : se mouvoir [*caryam*] en Dieu *(Brahma)* tout en s'alimentant. De quelle sorte de nourriture ? L'on reçoit toutes sortes d'aliments physiques, psychiques et supra-psychiques de l'Existence universelle de Dieu. Celui qui se meut en Dieu à l'aide de sa deuxième leçon [de méditation] – son *guru mantra*[2] – est ainsi un *brahma-cárii*/un pratiquant de la vie sainte [« celui qui se meut en Dieu »] : il se remémore en permanence que tous ses mouvements se font à l'intérieur de l'Incommensurable Existence divine.

Accédez à cet état, rapprochez-vous en tout près, dis-je,
« Om » est le mot directeur.

Om est formé de trois sons/lettres [*a, u, m* (a, ou, m)]. Vous savez que l'alphabet indo-aryen comprend cinquante lettres : seize « voyelles » et trente-quatre « consonnes ». Chaque son de cette suite alphabétique, de cet alphabet indo-aryen est le germe acoustique d'une expression divine. Il

---

[1] Vous savez, des cacahuètes : *chiniya bádám* dans le Bihâr, *mugphalii* en hindi.
[2] *Guru* signifie ici important, essentiel, directeur. (ndt)

y a ainsi cinquante germes phoniques ou racines acoustiques de base dont les combinaisons et permutations peuvent créer un grand nombre de racines acoustiques de nature complexe. (Vous tous savez ce que sont permutation et combinaison, vous savez, en mathématiques.)

Ce mot directeur [*Om, Aum*], comme je vous l'ai dit, on l'appelle *praṅava*. Les sages *(ṛṣi)* disent que les trois sons directeurs sont « a », « ou » et « m » :

« A » est le germe acoustique de la création. C'est pourquoi *« a »* est la première lettre de l'alphabet indo-aryen. Chaque vibration de cet univers a une couleur, une couleur qui peut être visible ou non visible. Elle a également toujours un son, un son qui peut être audible ou non audible. Il est là, bien qu'il puisse ne pas être à la portée de de nos nerfs. Que nous l'entendions ou non, le son est là. Action et expression ont donc un son et le son de la création est « a ».

Pourquoi la première lettre [de l'alphabet indo-aryen et de *Om*] est-elle *a* et non *á* ? Parce que « *a* » – la lettre a de l'alphabet latin (la prononciation est *« a »*), *alpha, aleph,* c'est la même lettre – est le germe phonique de la création, c'est la racine acoustique de la création.

Après avoir créé quelque chose vous devez entretenir son existence. Il vous faut lui procurer ce dont elle a besoin, lui fournir l'aliment nécessaire. La racine acoustique « ou » correspond à cet acte d'entretien.

Lorsque vous créez quelque chose dans votre esprit, vous l'y maintenez pendant un court instant puis elle se replie en vous-même, vous la ramenez en vous-même. C'est de même que Dieu crée quelque chose pour quelque temps avant de la ramener en lui. La racine acoustique

« m » correspond à ce processus de retrait. Pour l'être mortel, ce retrait signifie la mort mais pour Dieu c'est un simple repli et rien d'autre. À ce retrait qu'effectue Dieu, correspond la racine acoustique « me ». C'est pourquoi je vous disais l'autre jour que « m » est la dernière lettre, la dernière des consonnes[1].

Ainsi [Dieu] est *a* + *u* + *m* = *om*. Je vous ai dit l'autre jour que puisque « a » est la racine acoustique de la faculté créatrice/génératrice, « ou » celle de la faculté opératrice/de maintien, et « m » celle de la faculté destructrice, Dieu a trois fonctions : il est le **g**énérateur, l'**o**pérateur, et le **d**estructeur, et la première lettre de chacun de ces mots forment réunies le mot *God* [Dieu].

Patna, 6 septembre 1978

---

[1] Viennent ensuite dans l'alphabet indo-aryen les semi-consonnes/semi-voyelles *(y, r, l, v)* (qui se transforment selon leur place dans le mot en leurs pendants voyelles (*i, r* voyelle, *lr* (*l* voyelle), *u*)) ; voir p. 109. (ndt)

De l'animalité à la divinité

Sur cette terre, tous les hommes sont à la base des animaux. Lorsque leur conscience s'éclaire, leur nature héroïque apparaît. Lorsque leur héroïsme s'installe, ils deviennent peu à peu des dieux.[1]

(Rudrayámala Tantra[2]*)*

Chacun dans cet univers est, en tant qu'être créé, animal par sa naissance. Il faut cependant élever ce niveau d'existence jusqu'au niveau divin, jusqu'à l'état de Dieu. D'animal *(pashu)* on devient humain, d'humain on devient un dieu. Cette élévation de l'animalité à la divinité, voilà la tâche spirituelle *(sádhaná)*.

On dit aussi en sanscrit :

La naissance nous dote de tendances animales. La consécration rituelle est, dit-on, une deuxième naissance. L'étude des textes sacrés fait de nous un érudit. Puis, lorsque l'on connaît Dieu, l'on devient un être spirituel.[3]

Par naissance, tout le monde est un shúdra. Shúdra signifie : qui a toutes les habitudes de l'animalité. Puis, lorsqu'on reçoit l'initiation védique – autrement dit lorsqu'on apprend comment prier, comment exprimer ses désirs de sorte à devenir humain – *on est dit alors « re-né » (dvija,*

---

[1] *Sarve ca pashavah santi talavad bhútale naráh, Teśám jiṇánaprakásháya viirabhávah prakáshitah. Viirabhávam sadá prápya, krameṅa devatá bhavet. (Rudrayámala Tantra, Uttarakáṅda 50.17-18)*

[2] *(Uttarakáṅda 50.17-18)*

[3] *Janmaná jáyate shúdrah, samskárád dvija ucyate, Veda-páṭhe bhaved viprah, Brahma jánáti bráhmaṅah.*

dvija signifie : deuxième naissance). On n'est plus à ce moment-là un animal. Ensuite, *en étudiant les Écritures* – en acquérant une juste connaissance spirituelle – *on devient érudit (vipra)*. C'est finalement après avoir reçu l'initiation tantrique, l'initiation psycho-spirituelle, au monde psycho-spirituel, que *l'on devient un être spirituel (bráhmańa)*.

[Tous les hommes à la surface de la terre sont à la base des animaux.] La question qui se pose maintenant est : ces êtres animaux *(pashu)* n'ont-ils pas d'avenir ? Ils en ont assurément un car le Créateur est avec tout le monde, il est donc aussi avec ces animaux à forme humaine. Comment un être animal dont l'objet d'adoration, le but dans la vie, est cet Être suprême *(Parama Puruśa)* s'adressera-t-il à Dieu ? Par « Seigneur des créatures animées » *(Pashupati)* : « Ô Seigneur ! ô Être suprême ! nous sommes de simples créatures animées *(pashu)* et tu es le Seigneur *(Pati)* des créatures animées. » C'est ainsi que l'un des noms de Dieu est *Pashupati*. Pour l'humanité dormante, Dieu est *« Pashupati »* : le « Seigneur des créatures animées ».

Lorsque leur conscience s'éclaire, leur nature héroïque apparaît.₅

Lorsqu'ils ressentent et comprennent quoi faire et quoi ne pas faire, ce que sont les devoirs et les tâches de la vie [humaine], ce qu'en sont les buts, ils deviennent héroïques *(viira)*. Pourquoi « héroïques » ? Parce qu'il leur faut combattre l'adversité, des difficultés, des attitudes inamicales de toutes sortes, c'est pourquoi ce sont assurément des héros. En sanscrit, on appelle les héros *viira*. Ainsi, à ce stade de l'humanité où l'on développe la bravoure *(viira-bháva)*, lorsqu'on devient prêt à se battre contre toutes les forces adverses, on devient un brave *(viira)*. Dans le Tantra on parle de bravoure, et pour le brave, le Seigneur est *Viireshvara*[1] (le Seigneur des braves) et non plus *Pashupati*. Ainsi l'un des noms de Dieu est *Viireshvara*, le Seigneur des braves.

[Enfin] lorsque le pratiquant s'est complètement établi dans la bravoure, c'est-à-dire que rien ne l'effraie, rien ne le met en déroute, rien ne le fait renoncer (et vous mes filles gardez bien à l'esprit que pratiquant signifie tout autant pratiquante), étant véritablement établi dans la bravoure, son état est alors divin *(divya)*. Cette personne n'est plus [simplement] un brave, un héros, c'est un dieu *(deva* ou *devatá)* : *Il devient un dieu (krameńa devatá bhavet)*. Il devient un *devatá*, un dieu *(deva)* à forme humaine, Dieu dans une structure humaine. Il atteint à l'état divin.

Le but, l'objet d'adoration de ces êtres [divins] devient *Mahádeva* [le Dieu des dieux], non plus le Seigneur des braves *(Viireshvara)* mais le Dieu des dieux *(Mahádeva)*.

Dans la première phase, Dieu est « le Seigneur des créatures animées » *(Pashupati)*, dans la deuxième phase, « le Seigneur des braves » *(Viireshvara)*, et dans la troisième, « le Dieu des dieux » *(Mahádeva)*.

C'est donc le même Seigneur à qui l'on doit s'adresser, selon son état psycho-spirituel, comme le Seigneur des créatures animées, le Seigneur des braves ou le Dieu des dieux.

Je vous ai déjà dit que l'être humain a trois modes d'expression : la pensée, la parole et l'action. La faculté de pen-

---

[1] *Viira* (brave) + *Iishvara* (Seigneur) = *Viireshvara.* (ndt)

ser s'exerce à l'intérieur des cellules nerveuses, la faculté verbale par l'organe vocal, et la faculté d'action utilise le corps tout entier.

Dans le cas des bêtes humaines *(pashu)*, leurs pensées sont ceci mais leurs paroles disent cela, et leurs actions encore autre chose ! Ces trois expressions ne sont pas en harmonie. La personne est un animal humain, elle est au stade de l'animalité bien que sa structure soit celle d'un être humain. Dans la société d'aujourd'hui, ces gens sont en majorité, et les autres désespérément en minorité. Je veux que vous, mes garçons et filles, fassiez de votre mieux pour diminuer la proportion de ces animaux humains.

Dans la deuxième phase, c'est-à-dire la phase héroïque *(viira)*, les pensées sont d'une certaine sorte mais les paroles et les actions sont une. C'est-à-dire que les pensées diffèrent quelque peu des paroles et des actions mais les paroles et les actions sont semblables. Ce que ces gens disent, ils le font.

Dans notre société, on respecte ces gens, ces personnes établies dans la bravoure *(viirabháva)* comme de grands hommes ou femmes *(mahápuruśa)*, comme des meneurs de la société, du pays. Il y a cependant également un défaut en eux car leurs pensées ne sont pas en plein accord avec leurs actions. Leurs actions correspondent à leurs paroles mais pas leurs pensées. Vous comprenez ? Leur état mental est l'héroïsme. Ce sont des braves, leur Dieu est le Seigneur des braves *(Vireshvara)*.

Au stade final, c'est-à-dire lorsqu'on arrive à l'état d'être divin *(devatá)*, on dit ce que l'on pense, et l'on fait ce que l'on dit. Il n'y a pas de différence entre ce que l'on pense, ce que l'on dit et ce que l'on fait, et c'est cela le meilleur stade de la structure humaine, de l'existence humaine.

Vous devriez tous vous efforcer de faire de la sorte, et je veux que le nombre de ces personnes ayant atteint à ce niveau d'être divin *(devatá)* augmente. Et vous êtes devenus des travailleurs [d'*Ánanda Márga*], vous vous êtes consacrés[1] simplement pour accroître le nombre de ces êtres divins dans la société humaine.

Patna, le 7 septembre 1978

---

[1] *Workers, or wholetimers.* (ndt)

Au-delà du psychisme

La spiritualité est au-delà de ce que l'on peut symboliser. Nos facultés mentales ne peuvent accéder à l'existence supramentale, supra-psychique de Dieu *(Parama Puruśa)*, de même que nos organes moteurs ne peuvent exprimer avec justesse ce que nous ressentons mentalement. Ainsi, nos facultés mentales sont un moyen imparfait pour concevoir les réalités de l'existence supra-psychique, comme nos facultés motrices sont des moyens imparfaits pour traduire des ressentis momentanés : ni la voix ni aucun autre organe ne peut exprimer tous nos ressentis. Face à un petit ennui nous pouvons nous exclamer : « Ah ! », et lors d'un très gros ennui aussi : « Ah ! » Il nous est très difficile, à nous, comme aux autres, de différencier le premier « Ah ! » du deuxième. Ils n'expriment pourtant pas la même gravité, la même émotion.

Dans la mesure où nos facultés mentales et motrices ne peuvent même pas exprimer certains de nos sentiments ou ressentis (ou ne les expriment que partiellement), comment nos facultés mentales pourraient-elles exprimer ou symboliser l'Être suprême ? Cela leur est impossible. Nous appelons néanmoins cette Entité à l'existence supra-psychique : « Dieu » *(Parama Puruśa)*, ce qui est une symbolisation.

La signification, le sens que véhicule cette forme de symbolisation est de dire quand nous disons « Dieu » : « Ô Dieu ! par ce nom par lequel nous t'appelons, nous exprimons notre incapacité à te symboliser. »

C'est pourquoi, pour connaître Dieu, il nous faut aller au-delà des limites de notre existence relative, les laisser derrière nous, et atteindre à l'unité avec lui. Cela seul est la suprême expression de l'effort *(sádhaná)* humain.

Patna, le 8 septembre 1978

Annexes

L'enseignement de la méditation

Les enseignants spirituels de l'Ánanda Márga sont toujours prêts à enseigner, sans frais, la pratique de la méditation yoguique aux personnes sincères désireuses de la pratiquer.

L'enseignement spirituel yoguique de l'Ánanda Márga est transmis par des enseignants qualifiés. Cet enseignement, gradué, individuel, se complète d'une participation éventuelle à des stages et ateliers ainsi que d'un encouragement à s'impliquer dans la société et dans des activités associatives et humanitaires[1].

Pour une rencontre ou un renseignement contactez : Ánanda Márga Pracáraka Saḿgha. Voir les adresses p. 106.

---

[1] Les membres d'Ananda Marga ont d'ailleurs créé notamment l'association internationale AMURT, affiliée à l'ONU en tant qu'organisation non gouvernementale, qui œuvre dans le monde entier par des missions de développement et de secours, l'association PCAP de protection des animaux et des plantes, et Renaissance universelle et RAWA, associations respectivement d'intellectuels et d'artistes pour un renouveau dans une perspective ouverte, positive à long terme et élevante de leurs recherches et réalisations.

L'éthique yoguique
Yama Niyama

Yama :

La bienveillance/Ne pas blesser ni nuire *(Ahiṁsá)* :
Ne pas blesser ni nuire, par ses actes, ses pensées ou ses dires.

La Vérité attentionnée *(Satya)* :
Avoir des paroles, des pensées et des actions justes, en gardant à l'esprit le bien d'autrui.

L'honnêteté/ne pas voler (ou priver de son dû) *(Asteya)* :
S'abstenir de l'action comme du désir de prendre ce qui appartient à autrui ou de le priver de son dû.

La pratique de Dieu/Voir Dieu en tout et tous *(Brahmacarya)* : Maintenir constamment sa pensée sur Dieu, le voyant en toute chose.

La simplicité de vie *(Aparigraha)* :
Refuser toute commodité qui ne soit pas essentielle.

Niyama :

La pureté mentale et la propreté *(Shaoca)* :
La propreté du corps, de l'environnement et la pureté de l'esprit. On peut rester pur mentalement en agissant avec bonté envers les créatures vivantes, en faisant preuve de charité, en aidant autrui et en agissant bien.

Le contentement *(Santośa)* :
C'est être content de ce que l'on a. Il est essentiel d'essayer d'être toujours joyeux/de bonne humeur.

Se sacrifier *(Tapah)* :
Vivre et rendre service à son prochain en prenant sur soi.

L'étude spirituelle *(Svádhyáya)* :
Étudier les textes et commentaires spirituels pour en comprendre le sens profond.

L'abandon en Dieu, la méditation *(Iishvara-prańidhána)* :
S'immerger dans le flot spirituel, et pour cela avoir fermement foi en Celui qui régit ce monde, dans le bonheur comme dans le malheur, et se penser comme son instrument dans toutes les circonstances de la vie.

La vie humaine est courte, c'est pourquoi il est sage de se procurer toutes les instructions pour la pratique spirituelle aussi tôt que possible.

Pour une explication détaillée de l'éthique yoguique, lire *Un Guide de conduite humaine, yama niyama, les principes moraux et spirituels du yoga*, Éditions Ananda Marga, France, 2015.

Ouvrages de l'auteur

L'auteur, philosophe, philologue, historien des religions et maître de yoga, a écrit de nombreux livres sur les sujets spirituels :

Notamment une série[1] sur les textes de la tradition spirituelle indienne, en particulier les Oupanishads – la tradition philosophique des Védas –, comprenant :

– *Sublime Spiritualité*, une plongée dans la philosophie du yoga ainsi que dans la tradition de la *bhakti* ;

Suivie de volumes commentant les Oupanishads majeures, commentaires dont les éditions françaises comprennent la traduction française directe du texte sanscrit de l'oupanishad cité par l'auteur :

– *La Science sacrée des Védas (I)*
(Îshâ, Prashna, Muńdaka, Páshupata Brahma,
Kaevalya et *Nrsiṁha Tápaniiya*[2] *Oupanishads)*

– *La Spiritualité de la Kaťha Oupanishad.*

– *L'Enseignement philosophique et spirituel de la*
Shwetâshwatara Oupanishad, etc.[1]

Ainsi qu'une série de courts ouvrages commentant des versets phares de la tradition spirituelle de l'Inde :

– *Nectar de l'Enseignement spirituel, tomes 1, 2, 3,* etc.[3]

---

[1] La série *Subhásita Saṁgraha*, qui a au moins vingt-six volumes en bengali, reprise dans la série intitulée *Ánanda Márga Ádarsha o Jiivanadhárá (La Philosophie et l'idéal de vie de l'Ánanda Márga).* (ndt)

[2] Une « version » élargie de la *Máńdúkya* Upanishad. (ndt)

[3] Trente-quatre tomes sont disponibles en langues indiennes sous le titre *Ánanda VacanÁmrtam.* (ndt)

Un ouvrage sur la vie et l'enseignement de Krishna au regard des écoles de philosophie indiennes :

– *Namámi Krśńa Sundaram (Je salue la Splendeur de Krishna)*

Une somme sur Shiva, présentation à la fois de l'aspect historique (incluant les courants religieux jusqu'à aujourd'hui), l'essentiel de l'enseignement de Shiva, son rapport aux courants philosophiques traditionnels indiens, et les hymnes traditionnels à Shiva :

– *Namah Shiváya Shántáya (Mes hommages, ô Shiva le Tranquille)*

Un précis philosophique :

– *Ánanda Sútram*, résumant en aphorismes sanscrits (et en cinq chapitres) l'essentiel de la philosophie spirituelle et sociale de l'auteur.

L'auteur a en effet également écrit, sous son nom civil Prabhat Ranjan Sarkar, des ouvrages de philosophie politique et sociale. Il est l'auteur de la théorie socio-politique de l'Utilisation progressiste – la Tup, connue en anglais sous le nom de *Prout* (prononcé praote) – proposant une utilisation maximale et progressiste des ressources (physiques, psychiques, etc.) dans une perspective équitable et néohumaniste (le Nouvel humanisme englobant les autres règnes), de l'essai *Libérer l'intelligence, pour un Nouvel Humanisme*, ainsi que de nombreux autres ouvrages ; soit, outre ceux mentionnés ci-dessus :

Morale :
Un Guide de conduite humaine – yama niyama, les principes moraux et spirituels du yoga

Manuel pratique de l'Ánanda Márga t. 2 (Ánanda Márga Caryácarya t. 2)

Hygiène et santé :
Se soigner par le yoga, l'hygiène de vie et les remèdes naturels,
Manuel pratique de l'Ánanda Márga, t. 3

Recueils :
Une Promenade spirituelle en ce monde (florilège),
La Vision de la TUP, la Théorie de l'Utilisation progressiste (recueil),
Les Microvita,
Libérer l'intelligence, un Nouvel Humanisme, avec des compléments,
Aspects avancés de la psychologie du yoga
Neohumanism in a nutshell

Philosophie :
La Philosophie de l'Ánanda Márga, une récapitulation, vol 1 (recueil)
Ánanda Sútram (précis philosophique)
L'Ánanda Márga, le Chemin jusqu'au Royaume de la Béatitude, philosophie élémentaire
Idea and Ideology
La Faculté de connaître

Traité social :
Manuel pratique de l'Ánanda Márga t. 1 et 2

Histoire de la spiritualité :
Discourses on Mahábhárata

Science et connaissance ésotérique :
Pramá, Les Microvita, etc.

Civilisation :
Sabhyatár Ádibindu – Ráŕh (Le Rarh : lieu de départ de la civilisation)

Politique et social :
Problèmes du jour
La Société humaine (2 vol.)
A Few Problems solved
To the Patriots
Prout in a nutshell (21 vol.)

Littérature enfantine :
Le Lotus d'or de la mer Bleue (illustré pleine page)
Under the fathomless depths of the Blue Sea
In the land of Haťťamálá
Táŕá Bándhá Chaŕá
Nútan Varńa Paricay

Chants et poésies :
Prabháta Saḿgiita (165 vol.)

Philologie :
Varńa Vijiṇána (La Science des langues)
Varńa Vicitrá (La Diversité des lettres) (8 volumes)

Dictionnaire :
Laghu Nirukta
Encyclopédies :
Shabda Cayaniká (26 vol.)
(du bengali, inachevée)
*Une Agriculture idéale (Krśi
Kátha)*

*Ámáder Pratibeshi - Pashu o
Pakśi (Nos amis les bêtes)*
Path Calte Eti Kathá (6 vol.)
*(Chroniques de nos ré-
gions)*
Histoires :
Galpa Saincayana (12 vol.)
Etc.

Vous trouverez la liste des ouvrages disponibles en français sur anandamarga.free.fr au chapitre Livres, i.e. à :

http://anandamarga.free.fr/livres.htm

Consultez aussi :

https://ananda-marga.monsite-orange.fr

Adresses

Sur Internet : http://anandamarga.free.fr
https://ananda-marga.monsite-orange.fr
www.anandamarga.fr
http://www.anandamarga.eu (en anglais)
https://www.anandamarga.org (en anglais)

Pour une rencontre ou un renseignement :
En **France**, écrivez à : Ánanda Márga Pracáraka Saḿgha,
chez M. Botrel, 1 rue André Chénier, 91000 Évry
Ou par mél à o.caujolle@laposte.net
Ou anandamarga@free.fr ou neohumanismo@yahoo.es
En **Europe** : Ánanda Márga Pracáraka Saḿgha,
Weisenauer Weg 4,
D-55129 Mainz, Allemagne,
tél : 00 - 49 6131-834262
mél : sosberlin@anandamarga.eu
ou   europe@anandamarga.org

En **Afrique** : contactez le centre d'Ananda Marga du
Burkina Faso : Ananda Marga
01BP 3665 Ouagadougou 01, Burkina Faso
Tél: + 226 25375592 / 70255808 Mél: amurtbf@gmail.com

Île Maurice : ravirambujoo@intnet.mu
tél. 00 230 6179709

Madagascar : Tananarive :
Mél : somiirserge@gmail.com, tél : 00 261 330774652.

Haïti : Ananda Marga, Inobert Pierre 12, Rue E. Guello,
Fond des Blancs, Haiti, WI 8312
Mél : inobert@yahoo.fr   Tél: +509 42 93 65 17

Mél : demeter@desprihaiti.org
Amurtel/Ananda Marga, Rue Garnier, Impasse Dumond 10a, Bourdon, Port au Prince, Haïti. Tél. 00 509 38132828

Canada : Ananda Marga Master Unit Canada
          323 Rang St-Louis, St-André-Avellin
          (Québec) J0V1W0 Canada,
tél (mobile) : 00 1 613 322 6663
Montréal : tél (mobile) : 00 1 514-806-4426
mél : dayashiilananda@gmail.com

États-Unis :
Ananda Marga Center, 149-02 Melbourne Avenue,
Flushing, New-york 11367 (USA)
tél : (00-1-)718-8981603
mél : sosny@anandamarga.us,
http://ampsnys.org

Etc.

Prononciation du sanscrit

Les voyelles ont une forme courte et une forme longue : *a* court, *á* long (â) ; *i* court, *ii* long, etc. *u/ú* se prononce « ou », le *r* voyelle se prononce généralement « ri » *(prakrti* : prakriti), *e* se prononce « é » *(veda)*, *ae* et *ao* sont des diphtongues se prononçant « ail » et « aou » (ou « ao »), *c* se prononce « tch » *(cakra* : tchakra), *j* se prononce « dj » *(jagat* : djagat(e)), le *h* qui suit une consonne se traduit par une expiration, *uṇ* et *iṇ* sont les n respectivement vélaire et palatal *(saiṇcara* : sann(e)tchara), *ḿ* est un signe nasalisant la voyelle précédente, (il n'est pas considéré comme une consonne mais associé aux voyelles). La prononciation du *g* est toujours dure *(auṇgira* : anguira).

En début de mot *y* se prononce légèrement « dj » (sauf si le mot le précédant finit par une consonne), « y » autrement : *yajur* (djadjour), *yoga* (djoga), *niyoga* (niyoga) ; *l* se prononce « l », mais entre deux voyelles « lr » : *phala* (phalra), ; *v* se prononce « ou » après une consonne : *vishva* (vichoua), *svapna* (souap(e)na) ; les « ch » : palatal, le *sh,* et rétroflexe, le *ś* : *shiva* (chiva), *viśńu* (vichnou). Entre deux voyelles, le *ḍ* et le *ḍh* (rétroflexes) se prononcent, respectivement, *ŕ* et *ŕh* (r et rh rétroflexes) *(náḍii* : nâŕî). Les consonnes finales (*d, t, p, n, m,* etc.) se prononcent.

En finale ou devant consonne, les divers n *(iṇ, uṇ, ń, n)* et le m se prononcent comme suivis d'un e muet *(bindu* : bin(e)dou, *sambuddhi* : sam(e)bouddhi). Toutes les consonnes finales, et le *y* final, font la liaison avec la voyelle, diphtongue ou consonne initiale suivante :

...*prajánám yasmin vishuddhe* (pradjânâmyasmine vishouddhé), *apy etat* (à pied tâte), etc.

Il y a trois types de prononciation védique : *rg*, *yajur* et *atharva* védiques. Ainsi, *prakrti* se prononce « prakreti » en *rig*-védique, « prakriti » en *yajur* védique et « prakrouti » en *atharva* védique.

Kś et *jiņa* se prononcent dans le *Rg Veda*, respectivement kch et djna, tandis que dans le *Yajur Veda* ils se prononcent kkh et guia *(prajiņa* (praguia)). Dans l'*Atharva Veda jiņa* se prononce dia (i nasalisé).

Ces informations phonétiques sont tirées de livres de l'auteur.

Transcription latine du sanscrit

Nous avons adopté la transcription suivante de l'alphabet sanscrit en caractères romains choisie par l'auteur et adaptée aux langues indiennes, notamment au bengali :
a, á, i, ii, u, ú, r, rr, lr, lrr, e, ae, o, ao ; aṁ, ah,
ka, kha, ga, gha, uṇa, (vélaires)
ca, cha, ja, jha, iṇa,   (palatales)
ṭa, ṭha, ḍa, ḍha, ṅa,   (rétroflexes)
ta, tha, da, dha, na,   (dentales)
pa, pha, ba, bha, ma, (labiales)
ya, ra, la, va,   (semi-consonnes)
sha, śa, sa, ha, kśa   (sifflantes, etc.).

L'apostrophe ' désigne l'élision phonétique du *a* (l'*avagraha)*, *aṇ* le *candrabindu/anunásika* (˘) des mots indiens.

Ex : *jiṇána, rśi, saṁskrta, tato'haṁ, piuṇgalá, shiva, krśņa.*

On a aussi ici employé *ņm* dans le mot *oṇm (ॐ)*, pour représenter le *nádabindu* (˘) , différent du *candrabindu* (˘). Le *ņ* nasalise la voyelle précédente.

Table des matières

www.ingramcontent.com/pod-product-compliance
Lightning Source LLC
LaVergne TN
LVHW091720190726
843493LV00001B/388